たび活×住み活

読むと行きたくなる。
行くと住みたくなる—

in 信州

たび活・住み活研究家 大沢玲子

旅好きのアラフィフ夫婦が、
独自の視点で「観光以上移住未満」の
地方の楽しみ方、その地の魅力を
ユルリと紹介いたします。

妻　レイコ

鹿児島・枕崎市生まれだが、転勤・転校が多い生い立ちで、自称・根無し草人間。職業・ライター。好物は国内外を巡り、地元のウマいものを食べ、酒を飲み、地元の人に絡むこと。信州名物のおやきを食べるなら〝もっちり〟系が好き。信州のワインや日本酒も大好物！

夫　ヒロシ

海なし県の埼玉・幸手市出身。ダサイタマ世代のコンプレックスをほのかに抱える。職業・税理士。数字と歴史にウルサく、毒舌を得意技とする。信州グルメで気に入ったのは信州サーモンと五平餅。川のせせらぎが好きで、「わさび大王農場」の美しさに感動！

長野県PRキャラクター「アルクマ」も登場！

信州に出没する、大変珍しいクマ。クマなのに寒がりで、
いつも頭にかぶりもの。旅好きで、いつも背中にリュックサックを背負う。
信州をクマなく歩きまくり、その魅力を世の中にクマなく広めるのが生きがい。

はじめに――「たび活×住み活」ってナニ？

さて、前回の『「たび活×住み活」in鹿児島』に続いて、性懲りもなく第2弾・信州がスタートしました！

性懲りもなくって……前に言ったろ。「るるぶを倒すまでやるぞ！」って（笑）。

相変わらず目標も態度もデカすぎる……奥ゆかしい信州人を少しは見習って……。さて、ムダに漢気《おとこぎ》ある発言の前に、初めて本書を手に取った方に、まずは企画言いだしっぺのキミから「たび活×住み活」とはなんぞやの話をお願いします。

うん、オレたち2人で旅してても、有名な観光スポットって意外に行ってないじゃん。ツーリスティックな旅もいいけど、それより気になるのは「ここに暮らしてる人はどんな生活してるのかな？」なんだよね。

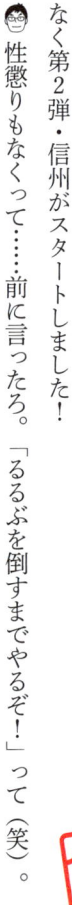

街中で看板を見ては「こんな店があるんだ」、不動産屋さんを見つければ「どれどれ、部屋はいくらで借りられるのか？」なんて、あてもなく歩いてることも多いね。

職業病もあるけど「もし住んだら、仕事はあるのかな」「この店、人がいっぱい働いてるけど時給いくらぐらい？」「地元っ子の好物ってなんだ？」「病院とか買い物とか、車以外の足はどうなのかな」とか、つい気になっちゃうんだな。

今回も、「ガイドブックには紹介されていないし、めちゃくちゃウマいワケじゃないけど、なぜか地元の人で混んでるラーメン屋」（笑）とか、「平日はだーれもいない超地元密着なしぶーい神社」とか相変わらずマニアックな場所に行ったね。

でもそうやって住む人の目線をちょっとだけ取り入れて地方を巡ると、新鮮で違った魅力が見えてくるんだよな。で、何より楽しい。そんなこんなで「この地を旅するならこれをやってほしい」「住むなら知っておきたい」ことを、独断と偏見で「たび活」「住み活」、略して〝タビスミ〟と称して紹介してしまおう！

という本です（笑）。そのうちに「ココ住んでもいいかも」と思ったら試しに1年のうち1か月ぐらい住んでみるのもいいしね。ちょっとカッコつけると、「観光以上移住未満」の地方の楽しみ方を伝えたい。それで地方を応援できたらいいな、って。

とくに信州は長野市や軽井沢なんかは新幹線に乗れば東京からスグだし、二拠点生活でいいとこ取りもありだよな。オレも信州＆首都圏で〝二拠点税理士〟を目指すか！

首都圏から近いのも、信州が移住で人気の秘密よね。２０２7年にはリニアも来る予定だし、信州南部とも、すっかり〝お隣さん〟だ。まあ、キミ、お客さんと飲み会多いから、酔っぱらって新幹線とかで乗り過ごさないよう要注意だけど……（苦笑）。

4年前も別の信州本の取材で回ったけど、改めて来てどうだった？

前は善光寺の御開帳の時だったね。あの時もあちこち行ったけど、変わらず良かったのは自然かな。山もいいし、川もいい。特に今回は冬のシーズンに来て、雪山の美しさは圧倒的だったなあ。そして雪解け水が流れ込む川のせせらぎ。癒されたね。

オレのイチオシは安曇野の「わさび大王農場」。自然を前にすると、心が浄化されていい人になった気がするんだよな……。

それは多分、カン違い（笑）。加えて改めて思ったのは信州って広い。地域ごとに気候やグルメ、さらに人のキャラとか文化も全然違うのよね。

お土産はどこへ行っても野沢菜、味噌、そばがメインだったのは、ぜひ改善してほしいけど……。

早速、口うるさい小姑か！　町おこしについては、以前から地域ごとにがんばって人を呼びこんでるイメージがあったけど、移住or観光という二択じゃなくて、まさに私たちが考えているような〝観光よりちょっと密に関わってみる〟〝この町を応援したい〟という人が年齢問わず増えているなあって感じた。関係人口って呼ぶらしいけど。

オレたちのタビスミ、ひょっとして時流の先を行ってるんじゃ⁉

どうだか（笑）。マジメな話、今度リニアが来る飯田市で「裏山しいちゃん」っていう、いろーんな人たちが集まるユニークなコミュニティスペースにお邪魔したけど、他エリアでも古民家を改装したコワーキングオフィスや、交流スペース、ユニークなゲストハウスなんかも増えてたし。自治体でも民間レベルでも、町のファンになってもらおうという取り組みが盛んだったのは印象的だったな。さすが移住先進国！

では、そろそろ。我々タビスミ隊、「独断と偏見で勝手に信州のいいとこを紹介して、信州を応援します！」プロジェクト、始動します。

あくまでも半フィクション、半ノンフィクション、夫婦のボケツッコミ、ゆる〜く温かい目でお楽しみください（笑）。

＊文中の数値はP158に挙げた調査結果を元に引用しています。
参考書籍の著者名、刊行元についても紙幅の都合上、P158にまとめました。
また、箇所によって人物の敬称を略させていただいております。

たび活×住み活 1

信州の細かすぎる天気予報をチェックする

今回、冬の信州、あちこち回ったけど、改めて南北の気候の違いに驚かされたね。

北部の寒さはナメてたなあ。前に冬の北海道を取材したし、今回は余裕だと思ってたけど、寒さの質が違うのな。軽い気持ちで朝、善光寺に散歩行ったら、体がスゴイ冷えた。トイレも近くなるし、事前にコンビニの場所の確認はマストだな(苦笑)。

キミ、お腹弱いしね(笑)。そもそもテレビの天気予報で、県内二十数か所ぐらいの予想が出てて驚いたわー。

あとさ、驚いたのは地元の人が意外に薄着なこと!

そういや信州、冬の室温が全国一、低い県らしいよ。

信州人の体感温度どうなってんだ!?

ココにも注目! 県東部(東信)は、年間を通じて降水量が少なく、晴れの日が多い。そのため、東部に位置する上田市などは映画のロケ地によく使われている。東御市などワイン用ぶどうの栽培に適している地も多い。

信州ビギナーが、この地を訪れる際に注意したいポイントがある。

天気予報のチェックだ。どの季節に行くのか。そして同じ県内でも、どの地域に行くのかで天候は大きく変わってくる。他の都道府県ならば、県庁所在地や北と南の主要エリアの予想天気を見るぐらいでＯＫでも、面積は全国第4位とこの地は意外にデカい。さらに南北の長さは約２１２㎞と、一つの県ながら、東京―浜松間分の距離感を県内に擁する。加えて県全体の平均標高1000m超の〝山の国〟であるのに加え、３０００m級の山と複数の盆地で構成され、標高差もハンパない。山、川一つ越えるだけで、気候がガラリと変わることもあるので要注意だ。

では、この地の多様性に富む気候との付き合い方、快適に過ごすためのコツを押さえていこう。

まず、一つ目には南北の位置関係に加え、標高差もあるため気候特性はさまざま。ネットで細かいエリアごとの天気予報チェックがマストだ。場所によっては「東京や名古屋の予報のほうがアテになる」ということもある。

二つ目には気温差。盆地が多いため、昼は暖かくても、夜になると夏でもガクンと気温が下がることがある。深夜や早朝にうっかり薄着でウロウロしないことだ。

三つ目は季節風の影響。日本海側からの季節風が山を越えてくる影響で北部は雪の日が多いが、中部・南部は空気が乾燥して晴れの日が続く。といって、北部以外がおしなべて北部より暖かいかというとそうでもない。湿度が低い上田、諏訪、佐久などは、雪は少なくても〝からっ風〟で気温以上に体が冷えることがある。

四つ目は、意外に冬の室温が低いことだ。

ウェザーニューズ社の調べ(2017年)によると、冬の部屋のエアコン設定温度ランキングで長野県は22・2度で47位。就寝時の電気毛布の使用率が高いといったデータもあるようだが、信州人は寒さに強いのか。はたまたエコ意識が高いのか。

一方、軽井沢、野辺山高原などの標高が高いエリアは、通年で夏でも冷房いらず。盆地の長野市や松本市も夏は猛暑日になることがあるものの、夜はぐっと気温が下がり、しのぎやすい。避暑重視か、冬にスキー三昧か。夏と冬のいいとこ取りで二拠点生活もいい。

多様性に富むこの地は、楽しみ方も十人十色。地図を見つつ、自分ならどこでどう過ごすかを妄想するのも楽しい。

私たち夫婦の旅スタイル
ずだブクロ
雪の日以外サンダル
小さいボストンバッグ
超・コンパクト
大荷物だと効率悪いし出先で洗濯すりゃいいんだよ！
冬もヒートテックありゃ大丈夫！
旅慣れた俺が言うんだから大・丈・夫！
ビュ〜〜ッ
うぅっ
さっきまで暖かかったのに
寒っ！
タクシー使おうよっ 風邪ひくよ〜
まだ1万歩行ってない！
達成までは歩く！
からだ…
お腹冷えたっ
ガチ
ガチ
ガチ
ガチ
マフラーと手袋買ってくる
も〜自分のことわかってなさすぎ
気温の変化にめちゃ弱いヒロシであった

エリアごとの多様な〝顔〟を知る

前回のタビスミ鹿児島編の時は、西郷さんという代表的リーダーがいたけど、信州はどうなんだろう？

有名なのは真田幸村とか木曽義仲とかかな？　でも戦国時代は武田信玄とか上杉謙信とかに攻めたてられた挙句、十数個も藩が分立したしな。誰か代表選手というと難しいなあ。イタリアじゃないけど、〝南北問題〟みたいな対立構造もあったようだし。

山谷に阻まれた地形も影響してるんだろうね。ミニ東京化してる地方より地域ごとに個性豊かなのはいいと思うけど。

でもさ、お土産だけは県内どこも野沢菜とそば、味噌が目立つよな。そこはまとまるんかい！

……チェックが細かいな。

ココにも注目！　代表選手の武将はいなくても、幕末の志士に大きな影響を与えた天下の奇才といわれるのが松代藩士の思想家・佐久間象山。蘭学や砲術を学び、松代藩邸の私塾から勝海舟や吉田松陰、坂本龍馬などを輩出した。

鹿児島ならば西郷隆盛（最後に対立した大久保利通はやや分が悪い）、仙台なら伊達政宗、愛知は徳川家康、新潟は上杉謙信（あるいは田中角栄）、〝お上嫌い〟な風土もある大阪でも「太閤《たいこう》さん」の愛称で親しまれる豊臣秀吉など。都道府県ごとに地元っ子に聞くと、共通して挙がる誇りのツボとなる歴史的人物、偉人が存在する。

だが、**信州で〝誰か1人〟というと難しい**。

大河ドラマで話題を呼び、大阪でも活躍した知将・真田幸村も、戦国系ゲームなどでは悲劇のヒーローとして人気だが、あくまでも上田・松代《まつしろ》エリアの武将であって、他地域の人にはピンとこないようだ。

その1つの証拠として、県内には城跡も含めて国・県が文化財に指定しただけでも**36もの城**がある。かつて5つの国があり〝城の宝庫〟ともいわれる兵庫には及ばずとも、一地方自治体にあって結構な数だ。

信州は甲斐や越後、三河といった強国に囲まれ、武田や上杉、豊臣、徳川などさまざまな勢力が入り乱れた場所。それゆえ**江戸時代も十余藩が分立**。戦国時代から江戸時代にかけて、多くの城が建てられたというわけだ。

つまり**1つの県に多くの〝国〟があり、その〝長〟がコロコロ変わった時期も**。明治9年、

ようやく旧長野県と筑摩県の2つが合併して今の長野県の原型が発足してからも、県庁が長野市に置かれたことから、たびたび県庁を移す「移庁」や県を二分する「分県」を目指す運動が勃発。いわば南北戦争ともいうべき対立構造がくすぶってきた経緯も見逃せない。

ここで、地域ごとの個性を理解するための基本を押さえておくと、県の区分としては、県歌『信濃の国』でも歌われるように佐久平を中心とした東信、善光寺平から新潟に隣接する北信、アルプスのふもとに広がる松本を中心に安曇野、木曽に広がる中信、さらに伊那谷、飯田などの南信の4つに分けられる。

行政区分としては北信、長野、上田、佐久、諏訪、北アルプス地域、松本、木曽、上伊那、南信州の10エリアに分けられ、移住施策など広域連合で実施されているケースもある。

地域ごとに気候や文化も違えば、人の気質も異なるといわれる。

マジメで理屈っぽいというのが全般的なイメージ。そのなかでも気候同様、温厚でおおらかな人が多いといわれるのが南信エリア。北信は比較的シャイでおとなしい人が多いといわれるが、自然や厳しい気候からか芯が強く、義理人情に厚い面も持つ。

また、古くは「松本のスズメ、諏訪のトンビ、上田のカラス」（さまざまな人が自己流の意見を述べる松本人、機会をうかがって良いところをとる諏訪人、動きをじっと見て出

方を決める上田人）といったことも、まことしやかにいわれてきた。

個人差があるのは大前提に各地を巡り、歴史や気候とともに、その地の人のキャラをこっそり分析してみるのもおもしろい。

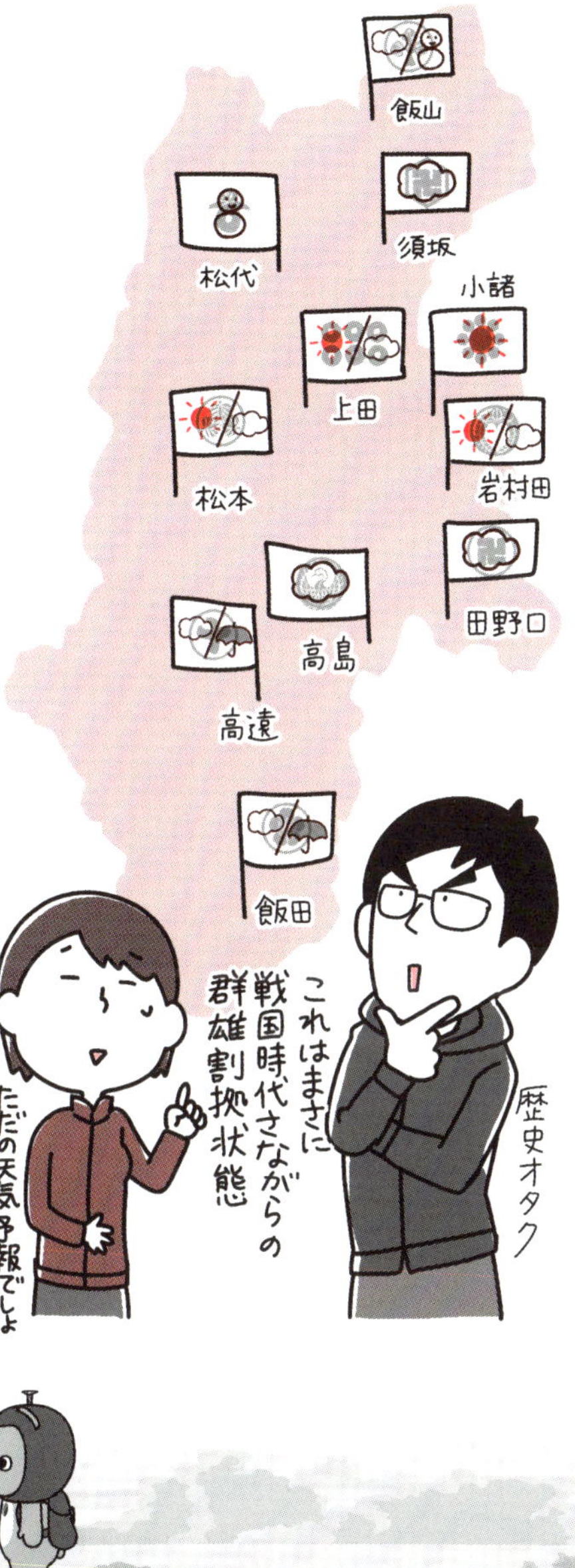
飯山
須坂
松代
小諸
上田
岩村田
松本
田野口
高島
高遠
飯田
歴史オタク
これはまさに戦国時代さながらの群雄割拠状態
ただの天気予報でしょ

「日本一高い〇〇」あれこれ巡り

さて、ここは標高どれぐらいかな？
なに、突如、標高の話？
信州の人に話聞いてると、「ここは標高700mあるから長野市より寒い」とか、よく標高の話が出てくるんだよね。そもそも県の平均標高も1132mで日本一。スカイツリーの2倍弱ぐらいあるってスゴイね。

そーかー。オレ、大学時代、山梨の山中湖で部活の合宿してたけど、標高1000mぐらいあって、練習するとすっごく疲れるんだよ。信州の人がのんびりして見えるのは、高地で疲れてるのかもな。

それ偏見でしょ（苦笑）。信州人は〝ずくある〟といって働き者で知られてるんだから。むしろ日頃の高地トレーニングの成果が出てるのかも!?

ココにも注目!　「ずく」とは信州を代表する方言で、「労を惜しまない」とか「億劫がらずに動く」といった意味。元気なお年寄りが多いのも、マメに体を動かす“ずくある人”が多いからか。細かい気遣いを「小ずく」などともいう。

県全体の平均標高1000メートル超の〝山国〟であり、北・中央・南の3つの日本アルプスを始め3000m級の山が15もある日本一の標高県。

「馬鹿と煙は高いところに上る」……なんてことわざは気にすることなく、県内に点在する「日本一高い○○」を、あれこれ巡ってみるのも興味深い。

まず県を統括する県庁所在地では、長野県庁が371・3mで日本一。ちなみに最下位の47位は神奈川で2・4m。実に155倍ほどの差がある。

〝鉄分〟多めのマニアに人気なのが、JR標高最高地点1375mおよびJR駅最高標高地点野辺山駅（1345・67m）を通過するJR小海線。〝天空に一番近い列車〟として星空や宇宙をイメージした内装の観光列車「HIGH RAIL 1375」も人気だ。広義の「駅」では、中央アルプス駒ヶ岳ロープウェイの千畳敷《せんじょうじき》駅は標高約2612mある。

美術館では、美ヶ原高原美術館が約2000m。通称〝雲の上のパン屋さん〟と呼ばれるのが志賀高原の横手山頂ヒュッテ内の手作りパン屋さんで2307m。その他、日本一高いコンビニや小学校なども。ただし空気が薄いため、くれぐれもムリは厳禁！

マラソン好きな人＆心臓に自信のある人向けには、高地トレーニングに最適な地として、スポーツ合宿の誘致も盛んに行なわれている。〝走り込み一人合宿〟もアリだ。

たび活×住み活 4

"おらほの山"のベストビューポイントを見つける

えーっと、県北西部の山といえば北アルプス。なかでも燕岳はアルプスの女王と呼ばれていて、常念岳もファンが多いっと。中央アルプスは……

なに一生懸命、山の名前をチェックしてるの？

信州人は、自分の地にある山に親しみを持っているケースが多いのよ。名前ぐらいは覚えておこうかなって。

せっかく名前覚えてもさ、これだけ山ばっかりじゃ、地元の人だって本当はどれがどれだかわからなくなってたり？

信州の人はこれがわかるんだな。同じ海なし県でも地元愛の薄いダサイタマ（埼玉）人と違うんだから！

ちょっ、ダサイタマ、禁句な！

ココにも注目! 北アルプスのふもと、大町市では2017年、県内初の国際芸術祭「北アルプス国際芸術祭」を開催。「食」と「アート」をテーマに芸術作品の展示、地元食材のメニュー提供などを実践。次は20年の開催を予定している。

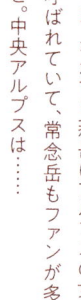

どこか自虐的なネタが多い埼玉県然り。海なし県の人々は海がないことへの引け目を感じ、海を擁する自治体へのほのかな憧れを抱えていたりする。

だが、信州人は海への憧れも自然に持ちつつ、決して自虐的になることなく、山に一層の深い愛と誇りを持っている。

「疲れた時に、山を見ると元気になる」

「海より山に囲まれているほうが落ち着く」

「県外から帰ってきて、山が見えるとホッとする」

などなど。彼らにとって山は登るもの以上に、精神的支柱でもあるようだ。

無論、山と一口に言っても、3000m級の山が15もあり、日本百名山の数も29と日本一を誇る。その地によって〝おらほの山〟たるソウルマウンテン、山自慢のツボも異なる。

たとえば、松本っ子が推すのが北アルプスの常念（岳）。「常念が一番きれいに見える」という「常念通り」なる道もあるほどだ。

同じく地元の誇りである国宝・松本城についても、地元っ子は北アルプスをバックに城が一番きれいに見える角度と時間帯を把握している。城メインか、山をバックにするかで、ベストなシャッターポイントも異なるのだ。

また、山がきれいに見えるよう、町づくりにも工夫が凝らされている。松本駅を降りて東側正面に見える美ヶ原高原は駅前のお城口の通りから、その山頂（王ヶ頭《おうがとう》）が見えるように景観を配慮しているという。反対側のアルプス口からの景色も圧巻だ。

北信エリアの代表的な山といえば北信五岳の斑尾《まだらお》、妙高（新潟県）、黒姫、戸隠、飯縄《いいづな》。有数の豪雪地でもあることから、長野市中心部から近い戸隠などは、地元っ子の気軽なスキー・ボードコースともなっている。

その他、「飯田のシンボルといえば風越《かざこし》山」「野沢温泉村の毛無《けなし》山からは日本海が見える」「駒ヶ根からは中央アルプスと南アルプスの両方が見える」などなど、各地、地元っ子に聞くと細かいこだわりがうかがえる。

同じ山でもエリアによって見え方が異なるのもチェックポイントだ。例えば浅間山は軽井沢、佐久、小諸などのエリアから見えるが、どの地の人々も「地元から見える浅間山が一番きれい」と心の底で思っていたりする。富士山は「〝山梨側〟〝静岡側〟のどちらから見るのがキレイか論争」に通じる静かなプライド合戦が繰り広げられているのだ。

「東の山々が抒情的・女性的だとすれば、西の北アルプスは叙事的・男性的と言ってよい

だろう。」

現安曇野《あずみの》市出身の映画監督・熊井啓さんは、自著『私の信州物語』でそのように信州の山について独特の表現で記している。

同じ山でも表情は大きく異なり、その顔は季節によっても変わる。登らずとも、地元っ子のソウルマウンテンについて名前ぐらいは押さえるとともに、自分の好きなカタチ・表情の山を探すのも楽しい。

また、高く険しい山は歴史的に山岳信仰の対象としてあがめられてきた。古《いにしえ》の時代、噴火する富士山に畏怖の念を抱き、富士山信仰が生まれたように、例えば信州でも御嶽山《おんたけさん》は修験道の場として今も神仏混合の山岳信仰が根付く。山を数える〝座〟は〝神様が座っている場所〟という意味からつけられたともいわれるゆえんだ。

その御嶽山は2014年、予期せぬ噴火により戦後最大の火山災害に見舞われた。浅間山もしばしば火山活動が活発化する。

この地では、全校登山、学校登山といった名称で、小中学校時代に近隣の山に登る行事が多く行なわれるが、そんな自然の厳しさを教え、万一の事態に対する備え、さらには〝ずく〟を育む場としても機能しているのだろう。

ユニークな雪形を探す

今回、冬の信州に来て、なんといっても感動したのは雪山の美しさかな。

白馬ではすぐ目の前に迫る北アルプスは白い彫刻みたいだったよな。

で、だんだん雪が解けてきて、奥のまだ雪が積もっている山とのコントラストもいいんだよね。昔、農家の人は山の雪の解け具合、浮かび上がってくる模様でその年の種まきや田植えの時期の目安を考えてたんだって。

ほう、さすが信州。風流じゃん。

形によって名前もついてて、とっくりを持った人間のような形の常念岳の「常念坊」とかユニークなものもあるわ。

よし、オレたちも新しい雪形を探すか。とっくりに対抗して、盃を持った「レイコ婆」とか(笑)。

ココにも注目! 信州は農家数日本一。標高や気候の違いを活かし、北信はきのこ、東信は高原野菜、南信では花き、果樹など立地条件を活かした農作物を作っている。約7割が兼業。年をとっても元気に農業に従事するシニアも多い。

「山肌の雪の解け方、緑の濃さ、紅葉の具合で季節の移り変わりを感じる」
「雲のかかり方で天気を予測する」
「山の見え方で、位置関係をつかむ」

この地の人々にとって、山は心がホッとする精神的支柱であると同時に、そんな実用的な活用ツールでもある。

長野市の中心部にいても、すぐそばに山が当たり前のようにある。わざわざ時間をかけて郊外に行かずとも、日々、山を見ながら四季を感じられるのはいい。

有数の農業県である信州では、山の雪解け具合を見て、その年の種まきや田植えの時期を知る目安としてきた。その〝暦代わり〟となってきたのが、「雪形」といわれるものだ。

雪解けとともに山肌と残雪が作り出す模様を指し、様々な形に見立てられてきたが、その代表格が白馬村の白馬岳《しろうまだけ》に浮かび上がる馬の形をした「代掻《しろか》き馬」。田植え前の、馬を使って行なう代掻きという作業のころに現れる。白馬岳の名前も、代掻き馬が「代馬《しろうま》」と呼ばれ、「白馬」となったことに由来する。

その他にも山の名前の由来となった蝶ヶ岳の「蝶」、爺ヶ岳の「種まき爺さん」といったユニークな名前のものも。雪解けのシーズンに自分だけの〝雪形〟を探すのも楽しい。

信州そばの“普通”じゃない普通盛りを知る

信州グルメといえばやっぱりそば。信州のそば屋って天ぷらもウマいっていうよね。オレ、天ざる大盛りを注文しようと。

いい年して、そんなに食べるの？　私は、もりそば並でいいよ。

レイコ、いつも後から「一口、天ぷらちょうだい」とかって言うくせに。絶対、やらねえからな。

ケチ。あっ、来たよ。ねえ、並でもかなりのボリュームじゃない？

うーん、北アルプス並みの大盛り、手ごわいな……。あー、また食い過ぎだ。でもさ、そばってゼロカロリーじゃなかったっけ？　サンド（ウィッチマン）・伊達（みきお）のゼロカロリー理論によれば！

……お笑い見ない人にはさっぱり通じないギャグとヘンな漢気、ヤメて。

ココにも注目！　信州ならではのそばに、くるみダレがある。じつは信州はくるみの出荷量日本一で東御市を中心に生産。ごまダレとはまた違う、濃厚で甘みのあるくるみのタレはクセになる味だ。

人口10万人あたりのそば店の数は日本一。そば収穫量も全国2位。乾うどん・そばの購入数量も、総務省の家計調査によると長野市が日本の県庁所在地の中で3位。

全国的に見ても、言わずと知れたそば先進国が信州だ。

そば粉を固めたそばがきに代わり、現在の細長い「そば切り」が食べられるようになったのも、そのルーツは信州中山道の本山宿（塩尻市）にあるとか。また、木曽郡大桑村・定勝寺の修繕に際し、大工たちにふるまわれた料理の資料にそば切りに関する記述があり、日本最古の史実だともいわれている。

本来なら、米作に向かない冷涼な気候とやせた地は大きな〝弱点〟だが、そば栽培に適していたことが幸いし、この地の代表的グルメが誕生したのだ。

また、信州は日本全国にそば文化を広めた立役者でもある。

実は江戸前そばの御三家の一つ「更科《さらしな》」も、信州の旧更級郡という説が。日本三大そばの「戸隠そば」（信州）、「わんこそば」（岩手）、「出雲そば」（島根）の中でも、出雲そばは松本藩主・松平直政が出雲国松江藩に転封された際に根付いたという。

東西をつなぐ街道が位置する日本の〝へそ〟的な立地条件もあり、殿様が藩替えの際に連れて行ったそば職人や信濃路を訪れた旅人たちが、信州そばの伝道師となったのだ。

さて、この地でそばを食べるなら本来のおいしさをシンプルに味わえる、ざるやもりもいいが、各地のユニークそばも試したい。

例えば、千曲《ちくま》市大田原地区が発祥という「おしぼりそば」は辛いねずみ大根の汁（おしぼり汁）に味噌を混ぜたつゆにつけて食べるもの。大根の辛味と味噌の相性が良く、最後にそば湯を入れて飲むのもまた良し。坂城町《さかきまち》には、同様のうどんバージョン「おしぼりうどん」もある。

寒い冬には松本奈川地区発祥の投汁《とうじ》そばもいい。山菜やきのこ、鶏肉などを入れたつゆに、投汁かごと呼ばれる柄のついたざるにゆでたそばを入れ（投じ）、〝しゃぶしゃぶ〟感覚で食べるもの。鍋感覚で体が温まる。木曽の名物である漬物の「すんき」をかけそばにのせたすんきそばも、厳しい木曽の冬を乗り切る食べ物として定着している。

このように、信州あちこちにうまいそばが群雄割拠のごとく揃うが、ビギナーに一つ注意点がある。

盛りがいい店が多いことだ。例えば、川中島の「たなぼた庵」は、並でも大盛り級のボリュームで有名。そば好きが多いとされる上田の「刀屋」も普通で通常の3枚相当の盛りの良さで、小諸創業の「草笛」も大盛りは1kg！　小食派には「小盛り」でちょうどい

い。イトーヨーカドー長野店のフードコートにある「小菅亭《こすげ》」には、「特盛富士山ざるそば」なる山国ならではのビッグマウンテンなラインアップも揃う。

そばっ食いの大食漢には〝天国〟のような地かもしれないが、いくらヘルシーといっても炭水化物。お腹回りが気になる世代はムリはしないこと。

寒い木曽で すんき投汁《とうじ》そばを食べました
漬物の「すんき」オンリー
乳酸菌パワー
食べる時にそば投入

この投汁かごカワイイ〜〜
ふわ〜〜!! あったまるぅ〜〜
これでそばや、すんきをすくう

たび活×住み活 7

レベル高い駅そばを制覇する

有名なそば店もいいけれど、駅そばというのもそそられるよな。麺やわらかめ、つゆが甘めの濃いしょうゆ味のヤツ。時々、無性に食べたくなる！

うんうん、わかる。実は全国の「駅そば」の発祥も信州なの。しなの鉄道の軽井沢駅が発祥といわれているわ。

セレブイメージの軽井沢が庶民派グルメの発祥の地とは意外だな。

長野駅だと、前に長電（長野電鉄）改札近くの「しなの」っていう店で飲んだ後に食べたね。

いっそ、信州の駅そば全制覇の旅っていうのもいいかも。

長野駅周辺だけでも8軒もあるんだよ。胃袋が退化していく年頃なんだから、そろそろ限界を知るべし！

ココにも注目！ セルフ式で信州各地で人気のそば店「小木曽製粉所」が全国展開に乗り出した。信州の会社じゃないのに「なぜ小諸そば？」などとモヤモヤしていた人も、県外で信州発のそばの味を気軽に楽しめるように！

気軽にささっと低価格で食べられるのが魅力の駅そば。味は二の次ともなりがちだが、そこはそば処の信州。個性豊かなラインアップが揃う。

まず、信州の玄関口、長野駅一つとっても8つの駅そばがある。

善光寺口改札のすぐ目につく場所にあるのが「ナカジマ会館」。元々は駅弁販売からスタートし、1950年にそば店を開業した最古参。2015年、駅ビルのリニューアルに合わせて復活した地元っ子にもなじみ深い店だ。東口に位置する「水芭蕉」や駅ホームの「裾花郷《すそばなごう》」は、50円ほど追加で生そばからゆでたての〝特上〟メニューも選べる。

その他、待合室で座って食べるのもOKの「福寿草」や、車内持込容器も販売している駅ホームの「信州蕎麦処しなの」など、ユニークな顔ぶれが揃う。電車に乗る用事がなくとも、〝そば〟目的で入場券を購入し、トライするのもいい。

松本エリアではねぎ入れ放題の「イイダヤ軒」が人気など、エリアによっても勢力図が異なる。きのこや、葉わさび、鹿肉などご当地らしいトッピングが揃うのも魅力だ。

道の駅信州新町の「そば信」など、道の駅でも手ごろな価格でおいしいそばが楽しめる。著名なそば店だけでなく、コスパ抜群な立ち食いそばもあれこれ試してみたい。

たび活×住み活 8

八幡屋礒五郎のオリジナル七味を巡る旅

信州グルメを語る上で欠かせないのが七味。いろんな種類があって、そばにも八幡屋礒五郎の七味をかけると、風味が増すのよね。

しょせんは七味だろ。違いがあるの?

なに言ってるのよ。八幡屋礒五郎の七味といえば、日本三大七味の一つ。飲食店によって配合を変えたオリジナル七味もあるの。私たちが行った馬肉の店「BANIKUMAN」とか、中華チェーンのテンホウ、佐久名物の安養寺ら~めん用のもあったよ。

八幡屋礒五郎、商売がウマいなー。

また、ゼニカネの話かい?

でも本当に店によって味がそんなに違うのか疑問だな。よしっ、全種類、買い占めて味を検証するか!

どんだけ性格悪いんだか……。

ココにも注目! 七味に親しみある土地柄か、寒い地だからか。ほかにもご当地ならではの辛い薬味も。とっからこしょう味噌は安曇野の特産品、ぼたんこしょう味噌は北信エリアの名物。酒のつまみや白いご飯にも合う!

そば店や和食・焼き鳥店などに限らず、中華やフレンチ・イタリア料理店まで！　この地の飲食店のテーブルに欠かせないのがコレ。ちょこんと小さいながら存在感を放つ調味料がある。

ご当地七味の八幡屋礒五郎《やわたやいそごろう》だ。

ピッツァやフレンチに七味なんか合うの？　と思うかもしれないが、そこは約３００年の歴史を持つ同社。料理やその店のニーズに合わせて、配合は自由自在。辛くない唐辛子を使った〝甘口〟やフルーツの風味を活かしたものなど、個性的な七味が作られている。

善光寺前の直営店にも、さまざまなラインアップが揃うが、現地でご当地ならではの料理に合わせた七味にトライするなら、オリジナル七味を置いている飲食店を巡るのもいい。現時点で長野県内外の31の店舗などに置かれており、料理やお酒との相性をあれこれ楽しめる。

八幡屋礒五郎といえば、「おいしいのは、お蕎麦です」「おいしいのは、お味噌汁です」といった、〝七味＝脇役〟の控えめなナレーションが印象に残るテレビＣＭもご当地ではよく知られている。だが、一歩引いているようで実は密かな主張アリ！

奥ゆかしくも信州人に似たキャラ立ちも特徴だ。

“おらほの川”のせせらぎに癒される

信州、山もいいけど、オレは川派だな。川のせせらぎがいいんだよな。

キミ、本当に川好きね。ただ、川と一口に言っても、その地ならではのソウルマウンテンがあるように、ソウルリバーもあるのよ。

ふーん。オレのソウルリバーは松本が舞台のドラマ『白線流し』で出てきた川だな。薄（すすき）川っていうんだっけ。

出た、テレビっ子！　80～90年代のドラマ、本当好きだよね。

川を見ると主題歌だったスピッツの「空も飛べるはず」が歌いたくなるんだな。♪君と出～会った奇跡が～。信州散歩にピッタリのBGM！

ドラマのイメージが崩れる……。そもそも白線流しの風習、信州・松本じゃなくて、岐阜の高校の風習だし！

ココにも注目!　長瀬智也、酒井美紀ダブル主演のドラマ『白線流し』。実際は岐阜県高山市の学校で行なわれていた、卒業生たちが学帽の白線とセーラー服のスカーフを一本に結びつけ川に流す行事がモチーフとなっている。

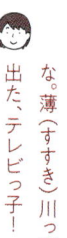

「ドナウやセーヌ、ガンジス、メコン、長江（揚子江）の朝夕の光景がいかに美しくても、信州の清流には及ばないと思う。」

信州出身の映画監督・熊井啓さんは、先の山に続き、ご当地の川についても自著でそのように賞賛している。世界各地をロケで回り、高い審美眼を持っているはずの名監督が断言するのだから、決して故郷びいきということだけではないだろう。

信州は〝山の国〟であると同時に、いや山の国だからこそ全国でも有数の水源県でもある。日本アルプスなど広大な山麓を大貯水源として持ち、日本一の大河・信濃川の源である千曲川や犀《さい》川、そして木曽川、天竜川の源流がここにある。さらに源流から分かれた支流、小さな用水まで一級河川の宝庫なのだ。

雪解け水から生み出される透明度の高い湧水も豊富で、地元っ子がわざわざ汲みに来るような名水も数多い。「水がおいしいから信州に移住を決めた」という人もいるほどだ。

また、各地に代表的河川があり、北・東信ならば千曲川、中信ならば木曽川、南信ならば天竜川など、地元の人は山同様、地元の〝おらほの川〟を愛する。

同じ川の流れでも、場所によって名称が異なるのもポイントだ。例えば犀川は、奈良井川が合流するまでの上流は梓《あずさ》川と呼ばれ、千曲川と合流したところでその名は消える。そ

して千曲川も新潟県域に入ったところで信濃川になる。

日本一長いとされる信濃川だが、その全長の約3分の2は千曲川が占める。新潟に入った途端、強制的に名前を変えられる千曲川としては、少々納得いかないものがあるかもしれない。

〝川好き〟を自称する小説家・井上靖さんの短編「川の話」にも信州の川に関する記述がある。曰く姨捨《おばすて》付近を流れる千曲川については「女性的な身のくねらせ方で、善光寺平の一隅をなだらかに屈曲しながら帯でも置いたように静かに流れています」と書き、犀川に関しては「千曲川とは異なってその流れは蜒々《えんえん》と男性的に伸び」と表現している。

そう。山同様、一見、同じような川の流れでも違う表情を見せる。井上さんは、また「川というものはどんな川でも、みな海へ出ようとする一途さを持っている」「人間でも川のような一途な流れをその経歴に持っている人は立派ですな」と、川好きらしい持論を述べている。

あるものは日本海へ注ぎ、あるものは太平洋に向かってのびる。信州の川を見ていて不思議と飽きない理由は、県内にはない海に向かって流れを止めることのないひたむきさにあるのかもしれない。

松本の居酒屋で
松本っていえば「白線流し」だろ～？
酒井美紀ちゃんがういういしくてな～
酒井美紀って
ダレ？
え？知りません…
地元の若者
お前らモグリだろ――――!!
ガーン！
あの名作を知らないなんて！
モグリって何ですか？
ジェネレーションギャップよ
実は私も見てないけどね
なに!!
帰宅後
え？何コレ
ほら！始まるぞ！
これを見てないなんて信州タビスミ隊失格だからな！
白線流し
白線流し
うっ
ここっ
やっぱ今でも泣けるわ～
うっ
うっ
なんでまた一気見…
コクッ
コクッ
自分が見たいだけじゃないの～

たび活×住み活 10

牛乳パン＆懐かし系スイーツを食べ比べ

牛乳パンって知ってる？

でっかい長方形のパンにクリームがはさまれてるヤツだろ。ヤマザキとかからも出てなかったっけ。

実はアレ、信州発祥といわれてるの。

渋いグルメが多い信州で意外だな。

木曽福島の「かねまるパン店」が元祖らしいんだけど、各地のパン屋さんごとに少しずつ個性が違う牛乳パンが出されているんだって。で、1つ買ってきた。

パッケージ、渋っ！　このあたりは信州っぽいな。てか、でかっ！　ウマいかもしれないけど、めちゃくちゃ高カロリーじゃね。中高年にはヤバいだろ。

カロリー気にしてて、タビスミ隊やれるかー！

ココにも注目！　松本や南信の飯田や伊那で食べられるのが「赤飯まんじゅう」。饅頭の皮の中に赤飯がそのまま入ったもので、ぜいたく品とされてきた赤飯を殿様に隠れて食べるために考案されたとか。生活の知恵が生んだユニークなお菓子だ。

東京・銀座に位置するアンテナショップ『銀座ＮＡＧＡＮＯ』。信州の郷土グルメや雑貨、お酒などが並び、信州出身者、信州ファンの買い物客で毎日賑わうが、ここで店頭に並ぶと売切れ必至の意外なヒット商品がある。

牛乳パンだ。

たかが牛乳パン？　と侮るなかれ。元祖の木曽福島の「かねまるパン店」を始め、ずっしりと分厚いバタークリームが人気の松本の「小松パン」ほか、辰野町の「辰野製パン」、塩尻の「ナカムラ」、佐久の「モンドウル田村屋」など、各地にブランドが揃う。地元ごとに「おらほの牛乳パン」があるのも多様性に富む地らしい。となれば馴染みの地元の牛乳パンを見つけたら、思わず大人買いしたくなるわけだ。

もう１つ、懐かしのパンでは、湯田中渋温泉・小古井菓子店のうずまきパン。マーガリンを生地で包んでカスタードクリームをうずまき状にのせたもの。温めて食べると、マーガリンが溶け出し、甘いクリームとベストマッチ。温泉を巡りながらのお供にもいい。

その他、街歩きのお供としては上田の富士アイスの「じまんやき」や、中野市の東山公園で桜のシーズン限定で登場する「あげまんじゅう」、木曽で柏餅の代わりに作られてきた「朴葉《ほうば》巻き」も人気。地元っ子気分に浸るならぜひチェックしたい。

熱すぎる！外湯で地元っ子と“裸のつきあい”にトライ

ここの足湯、気持ちいいなあ。信州って、いろんなとこに足湯があるよな。

実は温泉を利用した公衆浴場数が日本一なの。2位は鹿児島ね。あとね、旅館の温泉だけでなくて、無料で入れる公衆の外湯があるのも信州ならでは。野沢温泉や渋温泉なんかが有名よ。

無料で温泉？　いいじゃん。

ただ、野沢温泉、すっごく温度が熱くて40度以上あるのが普通らしいよ。キミ、熱いの苦手じゃない？

夏の暑さは嫌いだけど、熱い湯はそう嫌いじゃない……あー、でもヤメとく。

さては怖気づいた？

いやー、最近、オレ、ぬるま湯の半身浴派に転向したから。

意識高い系女子か！

ココにも注目！　多くの文人に愛されたことで知られるのが高山村の山田温泉。小林一茶、森鴎外、与謝野晶子、種田山頭火などが通ったとか。地元住民と宿泊客専用で使える共同浴場もあり、手軽に文豪気分を味わえる!?

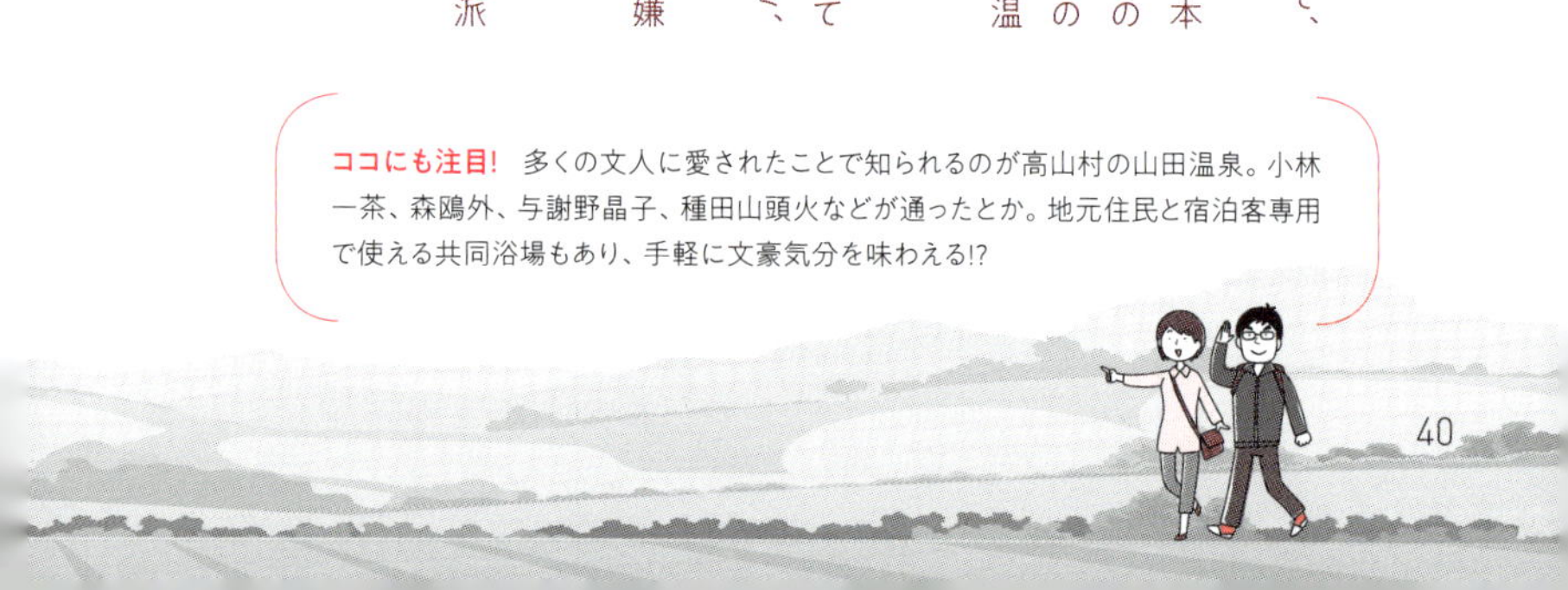

温泉利用の公衆浴場数、758か所で日本一！　実はツウな温泉好きの人気を集める〝おんせん県〟の信州。火山が多く、あちこちでグラグラ温泉が湧いているゆえで、源泉総数も1000か所弱。宿泊施設を備えた温泉地の数でも北海道に次いで2位のポジションを獲得している。

そのなかでも全国的に知られる名湯の1つが野沢温泉だ。『ミシュラン・グリーンガイド・ジャポン』で、温泉地として県で唯一2つ星を獲得している。

温泉旅館でまったりもいいが、タビスミ隊としてオススメしたいのは、独特の文化として定着している「外湯」巡り。無料で入れる温泉施設で、元々は温泉街の村人向けの施設だが、観光客向けにも開放されている。

外湯の数は13。100％の源泉かけ流しで、泉質や効能も少しずつ異なる。ぜひ〝裸のつきあい〟で地元っ子との触れ合いを楽しみたい。ただし、注意点は源泉温度が40～90度と高いこと。水でうめたいときは、熱い湯好きの村の常連に必ずことわりを入れるべし。

また、山ノ内町の渋《しぶ》温泉にも9つの外湯があり、渋温泉の宿泊者は無料で利用できる。すべてを巡ると願いがかなうといわれ、温泉によって色や肌触りも少しずつ異なる。

地元で大切に維持管理されてきた外湯。マナーを守って天然湯の恩恵にあずかろう。

さば缶ブームの先駆けと知る

知ってる？　信州って、全国でもさば缶消費量がトップクラスなんだって。

去年からさば缶ってやたら流行ってるもんな。DHAが豊富だの、ダイエットにいいだの。昔は1缶100円程度で買えたのが、値上がりしてるっていうし、信州人も意外にブームに弱いんだな。

そんな〝にわか〟じゃないの。とくに北信では5～6月ごろに旬となる根曲がり竹にさば缶を使った味噌汁が伝統的に食べられているの。季節になるとさば缶がスーパーに山積みにされ、それが即完売するというのも〝あるある〟なんだ。

さばの水煮と筍で味噌汁、海なし県ならではのグルメってことか。

自分も海なし県の埼玉人なのに、なんだか上から目線……。

ココにも注目！　北信の山ノ内町では、根曲がり竹とさば水煮の味噌汁の缶詰「サバタケ」を開発・販売。道の駅ほかネットショッピングでも購入可能だが、人気商品ゆえすぐに売り切れ必至。

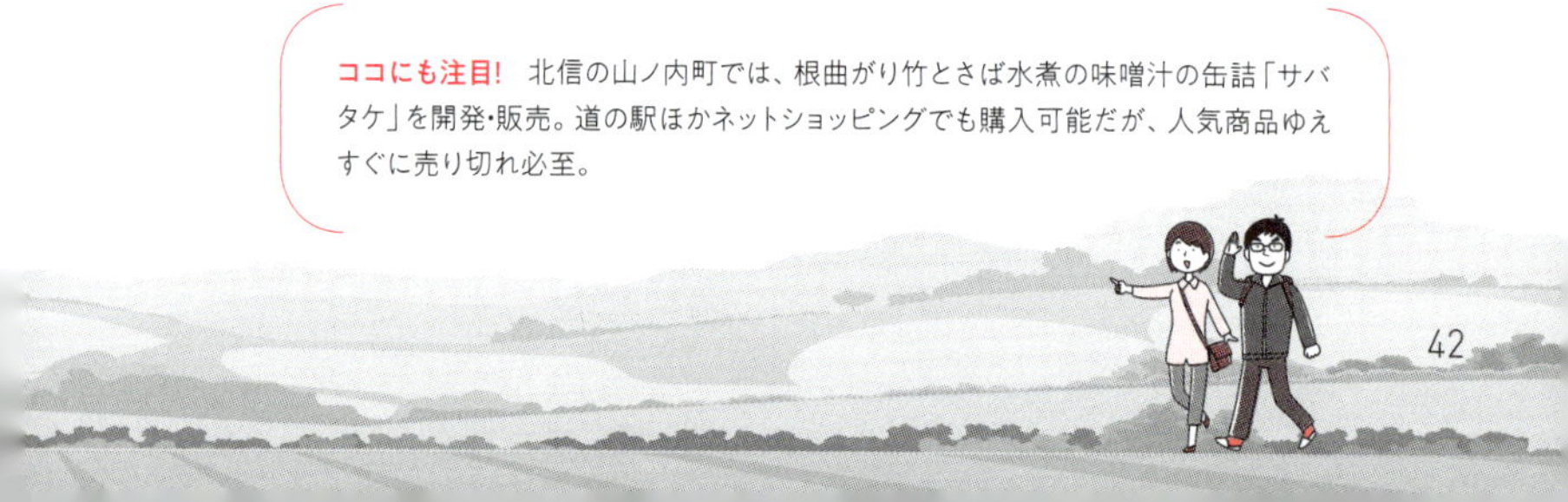

２０１７年あたりから、爆発的なブームを見せているさば缶。原料不足により、庶民の味方の大衆魚のはずが価格も高騰している。だが、そんなにわかブーム以前から、熱狂的なさば缶フリークが多いのが信州。統計を見ても、県庁所在地で**魚介の缶詰の消費金額全国4位の長野市**。その多くを占めるのがさば缶なのだ。

ただし売れるのは5月下旬～6月限定。理由はその時期に根曲がり竹と呼ばれる細い筍が旬を迎えるため。**根曲がり竹とさば缶を使った味噌汁**が北信っ子ラブな伝統料理なのだ。

調理法は簡単。皮をむいた根曲がり竹を薄切りにし、好みの具と一緒にさばの水煮を入れて味噌で味付けするだけ。とはいえ、さばの味噌煮ではなく水煮を使い、味噌はお気に入りの信州味噌を使うあたりが地元っ子のこだわりだ。

もちろん、食べる前にパパッと七味をふるのも忘れずに！

この時期、山に自分で根曲がり竹を採りに行く人も増えるが、生えている場所が急斜面だったりするため難易度は高い。**クマとの遭遇リスク**もある。遭難事故のニュースが流れたりするのもこの季節ならではだ。

ちなみに、北信っ子がこよなく愛する根曲がり竹の味噌汁だが、それ以外のエリアではあまり食べられない。地域も期間も限定の郷土料理が多いのも信州らしさなのだ。

野沢菜の〝本漬け〟のウマさに開眼

一見、地味だけど、朝食とか居酒屋で出てくる野沢菜とかの漬物ってウマいな。

実は野沢菜といっても、大きく2種類あるの気づいてた?

とはいえ、野沢菜は野沢菜だろ。

いやいや、全国的にはきれいな緑色の浅漬けが一般的だけど、地元ではしっかり漬かって、べっこう色になった本漬けが人気なの。松本で一緒に飲んだ20代の女性も本漬け派だったじゃん。

そういえば家で母親が漬けた野沢菜が一番おいしいって言ってたね。前にテレビで見たけど、ご近所で漬物を持ち寄っても、信州人は内心「自分で漬けた野沢菜が一番美味しい」と思っている、ってね(笑)。

手前味噌ならぬ手前漬け(笑)。

ココにも注目!　塩をまったく使わず、カブを乳酸発酵させた木曽の名物「すんき漬け」や、北信州の一部で食べられる味噌漬けを使ったおかず「やたら」など、漬物やその食べ方も地域ごとに独自性が強い。あれこれ食べ比べて、好みを探すのもいい。

ちょっとしたご近所の集まり、客人へのお茶うけ、居酒屋のお通しにと、あらゆる場面で登場する万能信州フードが漬物の野沢菜だ。

一定世代から上の信州人なら、秋になると生の野沢菜（お菜《な》）を家で漬け、各家庭ごとにレシピが受け継がれている。この時期、野沢菜の本場・野沢温泉では村民共同の調理場である麻釜《おがま》などで、お菜を洗う地元っ子の姿が見られる。

また、暖かい気候が続くとスミと呼ばれる酸味が出てしまうため、温度管理にも気を遣う。まさに〝ずく〟が試される作業だ。

こうして我が家の漬物ができると、ご近所同士持ち寄って食べることも多い。だが謙虚な信州人ながら、こと野沢菜については「自分の家のレシピが一番おいしい」と思っているとか。また、スーパーの漬物コーナーでも全国区で見慣れた浅漬けのほか、べっこう色に漬かった本漬けなど選択肢も豊富。見た目はくすんでいても、「本漬けこそがウマい」と思えたら、地元っ子に一歩近づいたといえる。

また、野沢菜ファミリーのなかでもちょっと物騒な名前の漬物がある。「はんごろしキムチ漬」だ。野沢菜に唐辛子を加えたキムチで、さわやかな野沢菜の塩っ気に唐辛子の甘みと辛さがガツンときて後を引くウマさ。白馬や野沢温泉の名物だ。

善光寺のお朝事&
門前町のリノベ建築巡り

うー、冬の長野の早朝は寒い。でも、同じ善光寺を詣でるのでも、朝に行くと一層すがすがしいね。

お朝事ね。昔は「お籠り朝詣で」といって、全国の参詣者が本堂で一夜を明かし、翌朝のお朝事にそのまま参列してたんだって。

信徒の人たちが参道にひざまずいて、住職の人が数珠で頭を撫でる光景も印象的だったな。

功徳を授ける「お数珠頂戴」ね。女性の住職がいるというのも、さすが門戸が広い善光寺!

うーん、行っただけで、オレもなんか心がキレイになった気がするなー。

いや、気のせいでしょ。腹黒いキミがそう簡単に変われるわけが……。

ココにも注目! 善光寺は極楽浄土の入り口であり、一生に一度訪れれば、往生がかなうと信じられている。さらに宗派や性別を問わないのも特徴。7年ごとの御開帳時に、全国から多くの人がお参りに訪れるのも門戸の広さゆえだ。

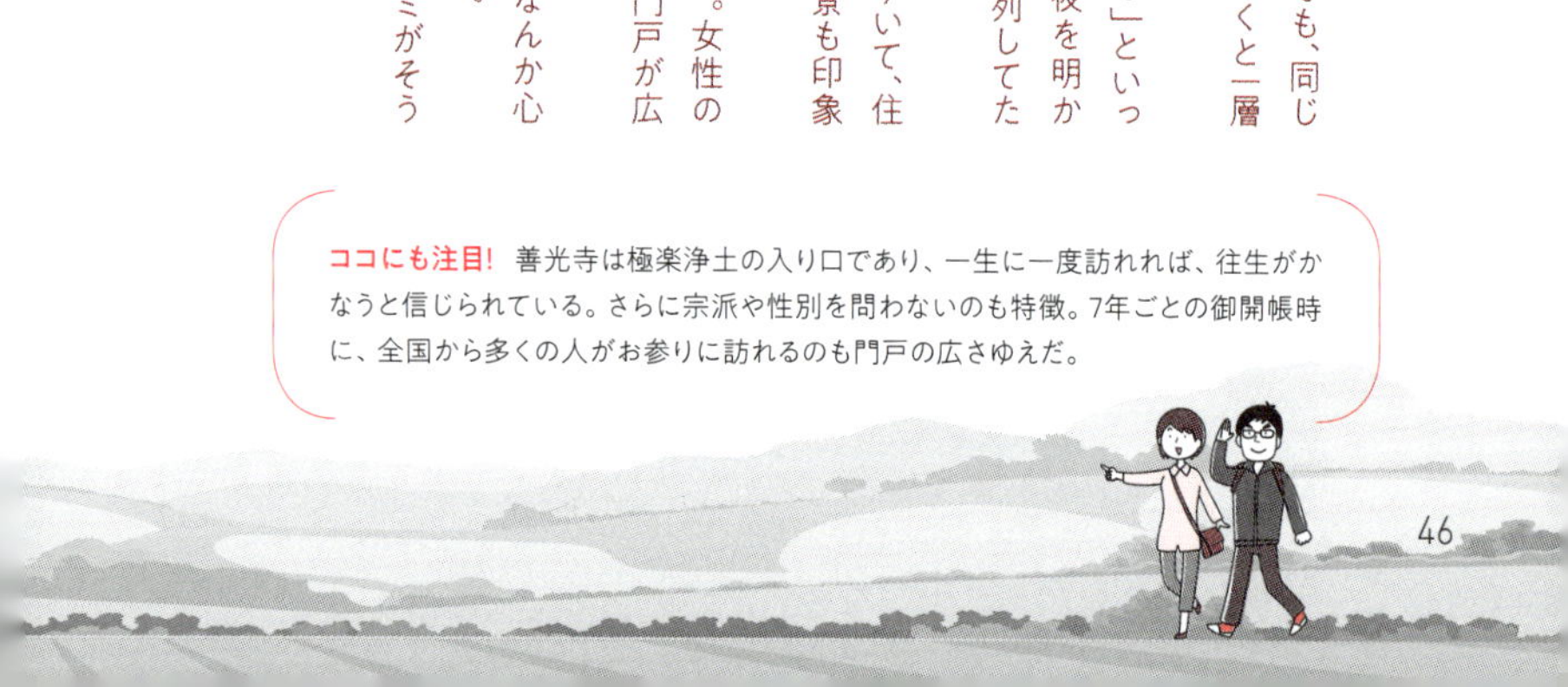

無宗派の寺を謳う善光寺。信者はもちろん、長野市を代表する観光スポットとしても年中、老若男女で賑わうが、厳かな雰囲気を味わうならば朝が狙い目。善光寺全山の僧侶が出仕して勤める法要「お朝事《あさじ》」が、日の出に合わせ一年中欠かさず行われている。５００円の内陣券を購入すると間近で参列できるが、外からでも雰囲気は十分味わえる。通学・通勤で境内を通過する地元っ子の日常に触れられるのもいい。

また、善光寺付近で巡りたいのが、近年増加中の古民家をリノベーションした建築物だ。ここ門前町は、かつて問屋や旅籠《はたご》、土蔵づくりの商家などが連なっていたエリア。店舗を出したい事業者が、個々に古民家、蔵などの改装をスタートさせた取り組みが加速化したのは２０１０年以降。空き家仲介やリノベーションを行なう事業者も現れ、リノベーション建築を案内する冊子『古き良き未来地図』も刊行されている。

同誌最新版によると、80軒余りのリノベーション建築の事例が紹介されており、カフェやレストランのほか、シェアオフィスやオープンパブリックスペース、アトリエなども誕生。門前町ならではの景観を守りつつ、県内外の人々の交流の場としても機能している。

地元っ子の取り組みに触れつつ、新たに〝息〟を吹き込まれた古くて新しい街並みをつらつらと散歩し、古民家カフェで自家焙煎のコーヒーをするのもいい。

たび活×住み活 15

映えNo.1の「奇跡のりんご」をチェック

キミ、昔、信州のりんご農家さんに働きに行ったんだよね。

うん。27歳でようやく社会に出る前。若干、モラトリアム引きずっちゃったイタい感じ？（苦笑）。働いてみてどう？りんごに詳しくなった？

いや、別に（笑）。短期だったし。ただ大変な仕事だということだけはわかったよ。だって、台風やひょうに当たれば、一夜にして苦労が水の泡。オーナー、いつも天気を気にしてたな。

自然の前には無力ってことか……キミにしては珍しく謙虚だね。

今にして思うと、オレの仕事なんかまだラクだよな。異常気象も続いているし、農業はやりがいもあるけど、そう簡単にはできないよね。

ココにも注目! 鮮度が落ちて、歯ごたえがなくなったりんごのことを、信州人は「ボケてる」と称する。りんご大好きな信州人は決して「ボケてる」りんごを許すことはないのだ。

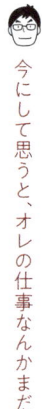

今から約8年前、不可能といわれた無農薬りんごの栽培に成功し、「奇跡のりんご」の育ての親として注目を集めた青森のりんご農家・木村秋則さん。りんご王国・青森ならではの逸話として本が刊行され映画化もされたが、青森に次いで生産量2位のこの地でも、ミラクルなりんごが誕生している。

その一つが、今、世界でも注目を集めている中の果肉まで赤い赤肉りんご。これまでのりんごの概念を変えた「なかの真紅《しんく》」だ。

開発したのは、農業大学在籍中に観賞用の赤肉りんごに魅力を感じ、趣味の一環で研究をスタートしたという中野市の個人育種家。

実は野生のりんごの約半分は赤肉だというが、渋みや酸味が強いため、観賞用、加工用が大半だった。そこで「食べても、見ても楽しめるりんごをつくろう」と趣味も兼ねて１９９４年から研究をスタート。30年超かけて、生で食べても甘味が強い赤肉りんごが誕生した。

現在、「なかの真紅」のほか「ムーンルージュ」「炎舞《えんぶ》」「いろどり」「なかののきらめき」「冬彩華《とうさいか》」などの品種を登録。全国から料理関係者や大学教授、農業研究者らが訪れ、赤肉りんごを使った〝映え〟抜群のスイーツなども誕生している。

信州でりんご栽培が盛んになった背景には、かつて盛んだった養蚕からりんご園へ転換した農家が多かったことや、出荷に際しての交通網の発達などが挙げられる。昼夜の寒暖差や日照時間の長さに加え、栽培地の高低差から多くの品種を提供できることも強みだ。

一人暮らしで大玉だと一度に食べきれない、皮をむいたり切ったりするのが面倒という人向けには、丸かじりの食べきりOKなバイトサイズアップルと呼ばれるシナノピッコロ、シナノプッチも人気を集めている。

また、この地の人々はりんごといってもそれぞれ好みの品種があり、「私はシナノゴールドが好き」「秋映《あきばえ》がおいしい」などと品種でりんごを語る。

「一日一個のりんごは医者を遠ざける」という海外での言い伝えもあるように、ビタミンもたっぷりのりんご。ぜひりんご好きの地元っ子を見習って、食卓に取り入れたい。

また、信州は干し柿の生産量でも日本一。市田柿《いちだがき》が代表ブランドだ。主な栽培地は天竜川沿岸。中央アルプスと南アルプスに挟まれた寒暖差の大きい気候が柿栽培に最適で、川霧が適度な湿度をもたらすため、いい按配の柔らかな干し柿ができるという。

柿についても「柿の木にもたれるだけで健康になれる」「柿が色づけば医者が倒れる」「二

日酔いには柿をほおばれ」なんて言い伝えもある。
食べておいしく、元気になる果物、野菜が満載！　さすが長寿県なのである。

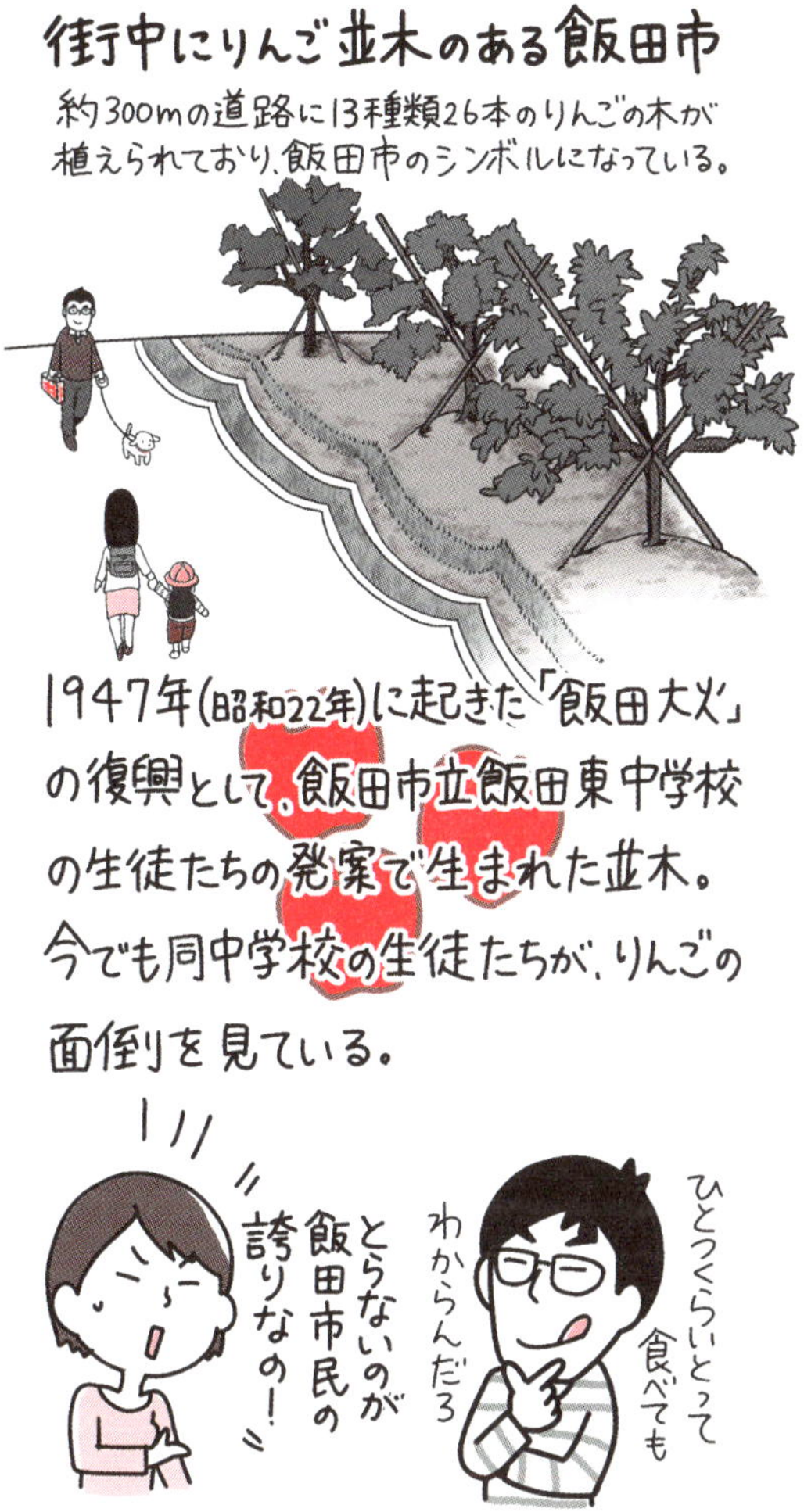
街中にりんご並木のある飯田市
約300mの道路に13種類26本のりんごの木が植えられており、飯田市のシンボルになっている。
1947年（昭和22年）に起きた「飯田大火」の復興として、飯田市立飯田東中学校の生徒たちの発案で生まれた並木。今でも同中学校の生徒たちが、りんごの面倒を見ている。
ひとつくらいとって食べてもわからんだろ
とらないのが飯田市民の誇りなの！

たび活×住み活 16

ご当地スーパー巡りで県民食を発掘

いくらちくわ好きだからって、ちくわなんかどこで買っても同じだろ。なに大量買いしてんだよ。

わかってないなー。コレはビタミンちくわといって、海なし県で魚が貴重だった時代から、信州の希少なたんぱく源として支持されてきたんだから。

このスギヨって石川県の会社じゃん。なのに売上げの約7割が信州で占めてるの。私は個人的にスギヨならば「大人のカニカマ」のファンだけど。

練り物オタクか！　でもなぜ石川県で？昔、能登のブリが越中（富山県）のブリ街道を通って飛騨・信州へ送られていた歴史にヒントを得て生まれたんだって。実は由緒ある食べ物なんだよ。

ちくわとなると語るなー。

ココにも注目! もう1つ、信州で人気なのが東京の会社・丸善の魚肉ソーセージ「ホモソーセージ」。パンにはさんだり、サラダに入れたり、そのままおやつにと根強い人気。だしつゆでは「ビサミン」。こちらも県外の山梨のメーカー産だ。

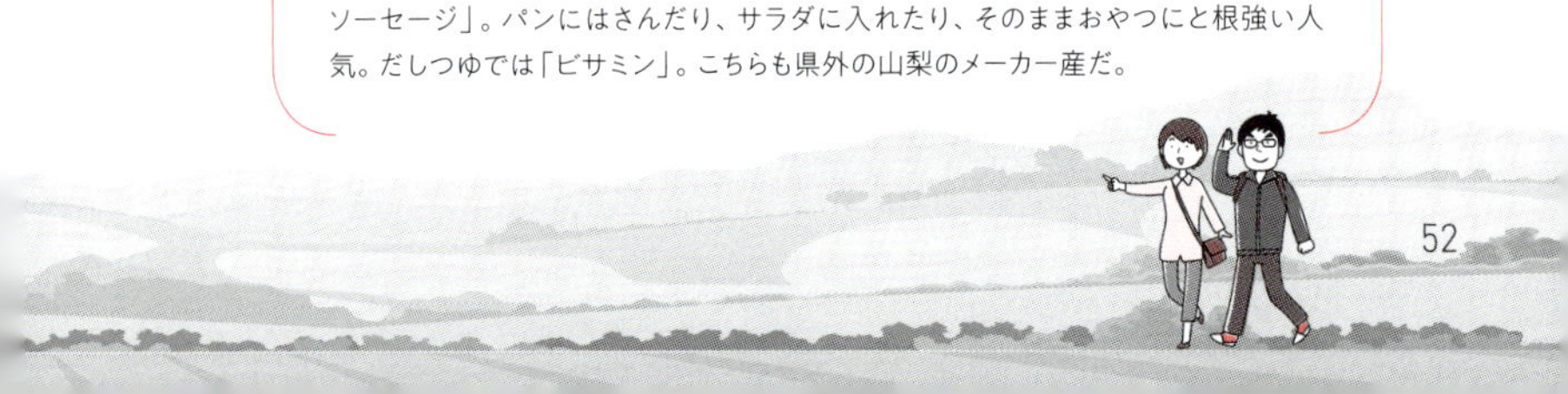

タビスミ隊として必須なミッションが、ご当地スーパーでのリサーチ活動だ。

まず、県内最大規模のスーパーチェーンで知られるのが「デリシア」。アルピコ交通で知られるアルピコホールディングス傘下の小売業で、元は中信にスーパー「アップルランド（旧松電ストア）」を展開していたが、２０１６年、北信のスーパーチェーン「マツヤ」を合併。「デリシア」に名前を変え、業務生鮮スーパー「ユーパレット」も展開している。

その他、上伊那を中心に「ベルシャイン」「食彩館」を展開するニシザワや、飯田の「キラヤ」などがあるが、中東信で特にブランド力を誇るのが「ツルヤ」だ。

プライベートブランド開発に力を入れているのが特徴で、ロングセラー商品の「信州りんごジュース」やオリジナルブランドの地ワイン、生ジャムも数十種類揃う。トップセールス店の軽井沢店は夏の避暑のシーズンともなると、ハイソな別荘族の御用達となる。

さて、地元のスーパーの商品棚を見ていくと、豊富に揃う信州味噌、信州醤油、ご当地のそばや野菜、売り場が広い野沢菜漬けコーナーなどが目につくなか、特に目立つのが山と売り場に積まれているビタミンちくわ（ビタちく）だ。

冷蔵庫に常に備蓄している県民も多く、煮物やちくわ天、砂糖と醤油でかば焼き風など万能選手。ビタミンも豊富な栄養商品として県民の長寿を支え続けている。

白馬で外国旅行気分を味わう

白馬の観光案内所にあるパンフレットが英語ばっかりだ！　日本語版が見当たらないってどういうこと（笑）。

歩いている人もほぼ外国人で、しかも欧米系の人が多いね。東京・大阪あたりはアジア系の人が多いけど。町並みもなんだか外国っぽい！

軽トラを運転してるＹＯＵやお店の外国人スタッフも結構いるね。移住組も多いのかな。

中古のペンションや別荘を買って、冬だけ滞在するＹＯＵも多いって、タクシーの運ちゃんも言ってたね。

よしっ、じゃ不動産情報チェック。おっ、１０００万円ぐらいから買える物件あるぞ。ＹＯＵ向けビジネスを考えるか。

その前に英語の勉強でしょ……。

ココにも注目! 近年の暖冬による雪不足は全国のスキー場にとって死活問題。その救世主がスノーマシン。実は日本で初めてスノーマシンを開発したのは信州の企業。佐久市の樫山工業だ。

日本最大級のスキーリゾート地として知られる白馬。白馬村内の5つのスキー場ほか、小谷《おたり》村、大町市と合わせて10のスキー場を擁する。人気の秘密は極上のパウダースノー。オーストラリアを始め、世界各国のスキー愛好家の支持を集めている。

だが、**白馬の魅力、楽しみ方はスキーだけではない**。どこにいても目の前に迫る美しい山々をウオッチしつつ、雪解け水が流れる川や用水のせせらぎを聞きつつの散歩もいい。

グルメも外国人に人気のボリューミーなハンバーガーが目玉のオシャレな**「サウンズ・ライク・カフェ」**、本格中華も楽しめる**「白馬飯店」**などの人気店が揃う。居酒屋でYOUたちに囲まれながら不思議な異国気分を味わうのもよし。長野県内のゲレンデ食の人気メニューを決める「ゲレ食バトル」で、上位組のレストランも多い。

また、白馬村は**6つも源泉**がある珍しい温泉の名所でもある。泉質も多彩だ。

新しい野外リゾート施設では、アウトドアブランドのスノーピークがプロデュースする**「FIELD SUITE HAKUBA」**。北尾根高原の自然を満喫しつつ、地元の食材を使ったコース料理、信州ワインのペアリングも楽しめる。

往年のスキーブーム時に週末弾丸スキーを楽しんだアラフィフ世代も、あえてスキー板を持たずに、ゆっくりこの地の流れる時間を楽しむのもオススメだ。

たび活×住み活 18

ワインもいいけど、シードルもね！

学生時代、山梨でよく合宿してたから、マンズワインの勝沼ワイナリーは知ってたけど、今回、信州の小諸ワイナリーに行ってイメージ変わったなぁ。スーパーとかで売ってる大衆系ワインだと思ってたら、小諸のはいい値段したもんな。

マンズワインのハイスペック版「ソラリス」シリーズ、おいしかったね。日本のワインといえば山梨が代表格の産地だったけど、温暖化の影響もあってより涼しい信州にシフトするケースも多いみたい。あとね、南信ではりんごを原料にしたシードルも熱いらしいよ。

日本じゃスーパーで売ってる安くて甘いヤツのイメージしかないけど……。

これからは本格シードルの時代！　単なる酒飲みも飲んで応援しまっす！

ココにも注目！　信州は日本酒蔵元数も新潟に次いで2位。老舗の酒蔵ほか、小布施ワイナリーではワインづくりが終わった冬に極少量、こだわりの日本酒「ソガ・ペール・エ・フィス」を生産。日本酒ファンの人気も集めている。

国産ワイン＝おいしくない。

かつて日本のワインは、そんな不遇の時代に長く置かれていた時期がある。

なぜか。それは日本のワイン製造のあり方が、他国とは異なっていたことが挙げられる。日本でワインに使うぶどうの生産は、生食用のマスカット・ベリーAやデラウェアや米種のナイアガラ、コンコードに限られ、欧州で主流のワイン用ぶどうのシャルドネやピノ・ノワールは気候的に難しいといわれてきた。

そのため、90年代以降のワインブームの際も、国産ワインの多くが安価にワインを生産できる諸外国からバルクという大容器で購入したワイン（果汁）に、日本のワインをブレンドして作られていたという。

しかし、こうした風潮に疑問を感じ、ぶどうの栽培から始め、土地、ぶどうに合ったワインを作るべく立ち上がった醸造家たちがいた。その中に信州で今や人気ワイナリーとして知られるＫｉｄｏワイナリー（塩尻市）の城戸亜紀人さん、小布施《おぶせ》ワイナリー（小布施町）の曽我彰彦さんがいる。

彼らについて書かれたドキュメンタリー小説『ウスケボーイズ』には、城戸さん、曽我さんと山梨でワイナリー「ボー・ペイサージュ」を経営する岡本英史さんの3人を、彼ら

が師事した麻井宇介さんの名前から〝ウスケボーイズ〟と呼び、その苦闘の日々が描かれる。

大手企業だけでなく、新興の小さな醸造所がひしめき、〝信州ワインバレー〟と呼ばれるほどの日本ワインの先進的エリアになったのには、彼らほか先人たちの紆余曲折のストーリーがあるのだ。


今やワイン醸造に用いるぶどうの栽培量日本一というポジションも獲得。かつては日本の気候ではムリといわれた欧州系のワインぶどうも、日照時間が長く、昼夜の寒暖差が大きい気候、さらには水はけの良い土壌が、ワイン用ぶどうの栽培に適しているとされ、地球温暖化でぶどう栽培に苦戦するエリアがあるなか、地の利を大いに発揮している。

県内のワイナリー数は２０１８年で36と全国２位。県外から移住し、ぶどう栽培やワイン醸造に取り組むワイナリーも増え、世界的なコンクールで賞を獲るワインも続々誕生している。

世界的に「ＮＡＧＡＮＯ ＷＩＮＥ」への注目が集まるなか、次なる注目株と目されるのがりんご果汁を発酵させてつくるお酒、シードルだ。

全国２位の生産量を誇るりんご王国だけあって、シードル銘柄数でも国内ナンバーワン。ワイナリーや日本酒蔵元ほか、果樹生産者が自ら作ったりんごで醸造したプライベー

トブランドも誕生している。

特に全国有数の「くだものの里」といわれる松川町では、シードルを核とする旅のプランを提唱するシードルツーリズムを展開。りんご農家やワイナリーを巡り、シードルの飲み比べができる定額制のタクシープランも用意されている。

さて、ワインもシードルも基本は農業であり、原材料のりんごやぶどうの生産が気候に大きく左右されることが最大のリスクだ。先に紹介した『ウスケボーイズ』でも、ひょうが降って一夜で丹精込めて育てたぶどうが被害に遭い、絶望の淵に沈む様子も描かれる。

だが、自分の力でどうにもならない自然を相手にするビジネスだからこそ、ウスケボーイズのように厳しい自然に抗うのではなく、気候の変化も反映させた、文字通りの〝自然派ワイン〟を生み出すたくましい醸造家たちが増えている。その年やエリアによって味わいが違うのも魅力というわけだ。

シードルはまだワインに比べて知名度は低いが、全国有数のりんご王国であり、優秀な生産農家が多数存在する地だからこそポテンシャルは高い。この地のワイン、そしてシードルの進化に、単なる飲兵衛も注目していきたい。

地獄谷はサルよりYOUの数が多いと知る

ねえ、バス乗り場、すごい行列。みんな地獄谷野猿公苑に行くのかな。

そうじゃない？　白馬もそうだったけど、ほぼ外国人だな。臨時バスも出てるよ。運行している長電、これウハウハじゃないか？

ウハウハって……。さーて到着。でもここから歩くのよね。今日は雪で道が滑りやすいって掲示が出てるよ。

レイコは歩くのヘタだからなあ。

……はあ、はあ……ねえ、まだかな。道がめちゃくちゃ滑るー！

ようやく着いたぞー。……って、サル、温泉に入ってないじゃん！

寒い日じゃないと入らないってパンフに書いてあった！　ガーン！

ココにも注目！　諸外国ではサルを身近に見る機会はレアだという。雪が積もった山道を30分近く歩いて、わざわざサルに会いに行くという秘境感も外国人に人気のポイントとなっている。

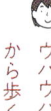

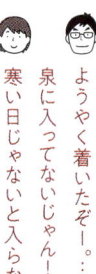

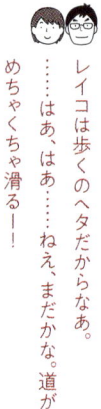

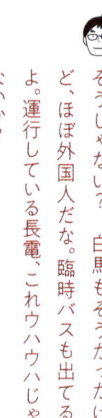

「ＹＯＵは何しに日本へ？」

某テレビ番組のフレーズをそのまま返したくなるほど、全国津々浦々どこの観光地でも日本人以上に存在感を示すＹＯＵたち。しかも、近年では日本人がまったく知らない秘境スポットに、ＳＮＳなどの口コミで外国人旅行客が集結する現象が起きている。

その先駆けが**信州・山ノ内町の地獄谷野猿公苑**だ。

地獄谷温泉にある野生のニホンザルの生態の観察ができる公苑だが、世界で唯一、**温泉に入るサル**として、米国の雑誌『ＬＩＦＥ』の表紙に掲載されたのを機に知名度アップ。長野冬季オリンピックなどの影響もあり、世界の著名メディアが取り上げるようになる。

こうして通称・スノーモンキーは世界的な**〝アイドルザル〟**となり、海外のガイドブックにも登場。冬ともなると、サルよりも諸外国から集まるＹＯＵたちで現地はすし詰め状態という事態になっている。

ただし、思わぬ落とし穴がある。苦労して山道をテクテク歩き、公苑にたどりついても、必ずしも温泉に入るサルが見られるわけではない、ということだ。

サルたちが温泉に入るのは、あくまでも厳しい寒さをしのぐためで、「気温が低く、暖かい日差しがないとき」に限る。

そもそも地獄谷のサルたちが温泉に入るようになったのは、1頭の子ザルが好奇心から公苑近くの旅館の露天風呂に入ったのを機に、寒さをしのぐ手段として受け継がれてきたためだ。本来、ニホンザルは体を濡らすことを好まない。実際に温泉に入るのは全体の2～3割程度でメスと子ザルのみ。新しいことにチャレンジングなのは、人間界もサルも女性と若者ということかもしれない。

また、愛らしいサルを見ると至近距離で写真を撮りたくなるが、サルの世界にお邪魔させてもらっているのは私たち人間のほうで、近づきすぎたり、しつこくつきまとったりするのはNGだ。

さらに注意したいのは道中の冬の山道は予想以上に苛酷だ。雪道を歩くのに慣れていない人は滑り止めのある冬靴をマストで準備しよう。

スノーモンキーの名前で知られているが、実は春、夏、秋もサルは同じように生活しており、冬とはまた違った顔を見せてくれる。YOUたちで大混雑する冬を避け、気候の良いシーズンにハイキングがてら、サルに会いに行くのもいい。

よっしゃ!!
温泉に入るサルに会いに行くぞ!
地獄谷野猿公苑入口
1.6 km (約25分)
地獄谷温泉後楽館入口
おう!
25分もかかるの!
ヒェエエ
さっ
30分歩いているケドまだまだじゃん!
ヒ〜すべる〜〜
もうかえりたい〜!!
後戻りできないだろっあと少しだから!
着いた!……が
温泉に入ってるサルがいない!?
シーン
目立ってるのはYOUたちばっかだね…
ワイ
ワイ
ワイ
ワイ

たび活×住み活 20

粉もんプラス長野米のウマさを知る

おやきってどうも味がピンとこないことが多い気がする。焼きたてアツアツならウマいと思うんだけど。

食べ物の温度にウルサイよね。でも、おやきといっても店やエリアによって味や形も異なるの。それは五平餅も同じ。

ああ、五平餅といえば朝の連ドラ「半分、青い。」で話題になってたヤツ？　岐阜の名物じゃないの？

木曽とか南信でも食べられてるの。形もわらじ型から、メガネ型、小さな団子型とか。タレもいろいろあるんだ。

へー、じゃあ食べ比べてみようよ。メガネ型は食べたから……おっ、団子型の五平餅、発見。コレ1つ！

それ……普通のみたらし団子じゃね？　しまった……まっ、ウマけりゃいっか。

ココにも注目！　白馬村青鬼（あおに）地区では白馬紫米という古代米の一種が栽培されている。白米に少し混ぜて炊けば、目にも美しい紫ごはんに！　ブルーベリーの成分で知られるアントシアニンが含まれており健康にもいい。

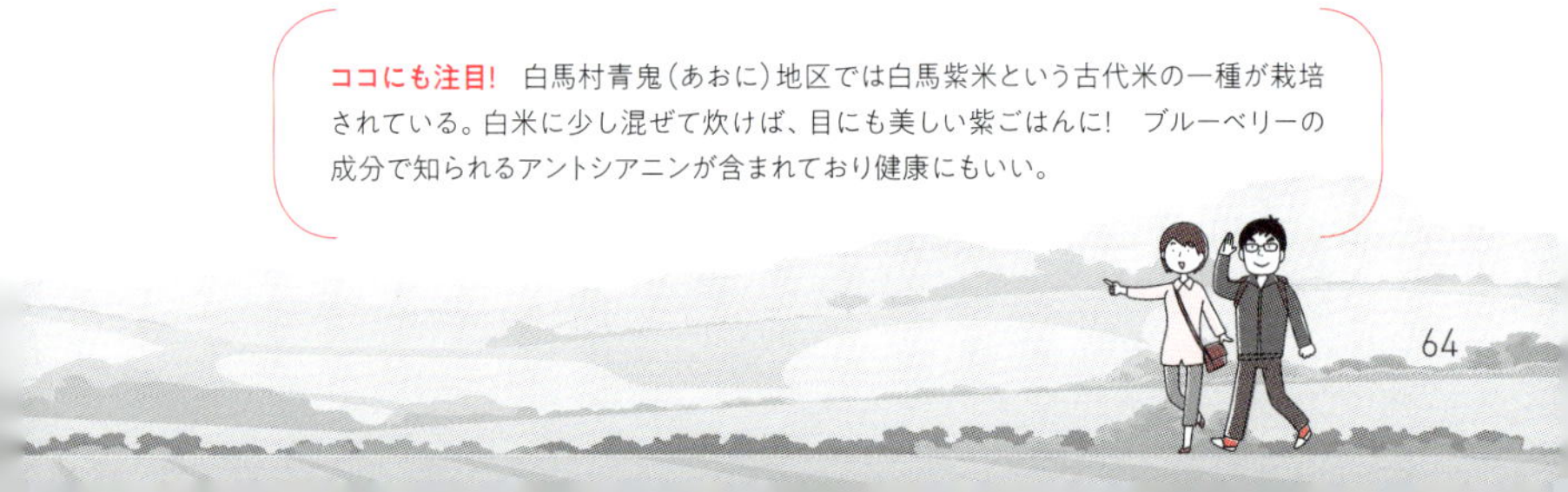

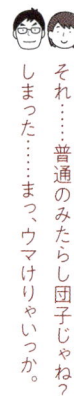

米の代替食として定着したそばに加え、米を節約するために粉食文化が発達したのもこの地の特徴。県庁所在地比較の統計を見ても、長野市の小麦粉購入量は日本一だ。

粉食といっても、そのバリエーションは豊か。たとえば信州名物の筆頭に挙がるおやき。小麦粉やふくらし粉を使った皮に野沢菜やなすの油味噌、切干大根などの具を包んで焼いたり、蒸《ふ》かしたりしたものだ。しかし、地域や店によっても「同じおやき?」と思うほどにまったく違う食べ物になる。同じなすを使ったものでも調理法や具の包み方も異なり、食感も焼くか蒸すか、両方かでふっくら、もっちり、パリパリなど千差万別だ。

県北部では小麦粉とニラを混ぜて薄焼きにした、チヂミにも似たニラせんべいもおやつ(小昼《こびる》、お小昼とも呼ぶ)や食事代わりによく食べられる。辛いソースではなく、砂糖醤油をつけたりするのが信州流だ。

また、小麦が栽培できない高冷地の山村ではそば粉をつかった焼き餅も作られる。レタス栽培で有名な川上村ではそば粉とねぎ、しょうが、味噌などを使ったはりこしまんじゅうが伝統食として作られ、下伊那や南信州の遠山郷では、遠州(現静岡の浜松エリア)と交流があったことから、海産物のさんまを使った珍しいタイプのそば焼き餅もある。

伊那路や木曽エリアを中心に県内中部から南部でポピュラーなのが五平餅だ。

ご飯に小麦粉などを混ぜて団子状にし、タレをつけて焼いたもので、近年、岐阜を舞台とするＮＨＫの連続ドラマ小説『半分、青い。』で登場し、プチブレークした。岐阜名物として知名度がアップしたが、接する信州エリアでも人気の軽食だ。

こちらもエリアによって幅広の串にわらじ型に形づくったものや、丸い団子を2～3個刺したメガネ型、もっと小さな団子型などがあり、タレもくるみ餡、ごま餡、山椒味噌など幅広い。焼き具合も異なるため、食べ比べしてみるとおもしろい。

さて、長く稲作には向かないとされてきた信州だが、近年は農業技術の進化もあり、全国でも注目を集めるブランド米も誕生している。

実は長野県のデータを見ても、玄米検査時の品質を示す1等米の割合は全国1～2位で90％台をキープ。10アール当たりの収量も全国トップレベルで推移している。

中でも米のオリンピックといわれる「米・食味分析鑑定コンクール 国際大会」で数多くの受賞歴を誇るのが木島平《きじまだいら》村の米だ。

きれいな水に恵まれ、寒暖の差が生む光合成により米のおいしさを決めるデンプンが効率よく生成されるのがウマさの秘訣とか。冷涼な気候なため病害虫の発生も少なく、農薬使用回数が全国トップレベルで少ない〝安全性〟も売りとなっている。

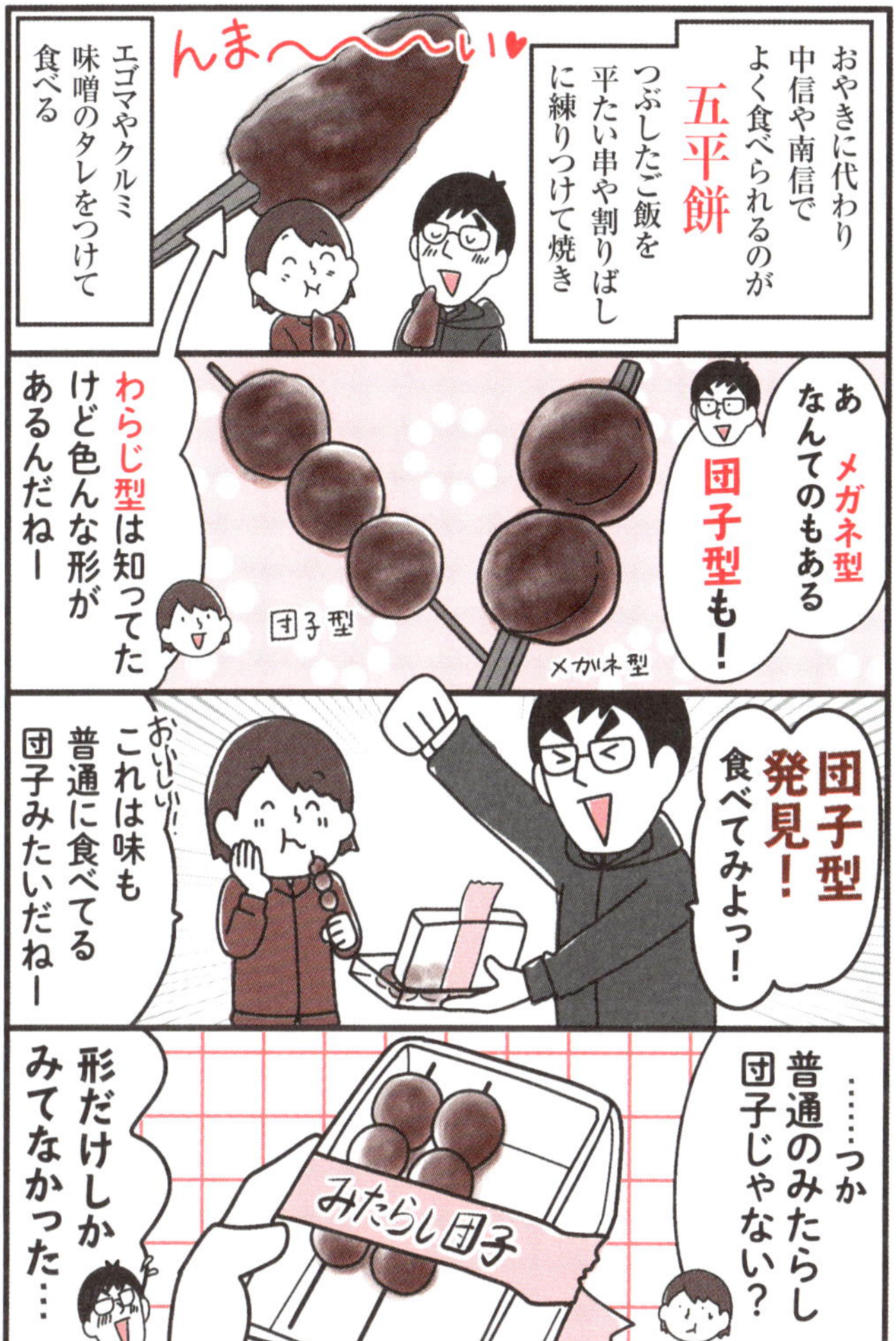
おやきに代わり
中信や南信で
よく食べられるのが
五平餅
つぶしたご飯を
平たい串や割りばし
に練りつけて焼き
んま〜〜〜い♥
エゴマやクルミ
味噌のタレをつけて
食べる
あ
メガネ型
なんてのもある
団子型も！
団子型
メガネ型
わらじ型は知ってた
けど色んな形が
あるんだねー
団子型
発見！
食べてみよっ！
おいしい！
これは味も
普通に食べてる
団子みたいだねー
……つか
普通のみたらし
団子じゃない？
みたらし団子
形だけしか
みてなかった…

たび活×住み活 21

「道の駅」で名も知れぬきのこに遭遇！

大っぴらに言うのもなんだけど、信州グルメって〝映える〟かっていうと、見映えは地味なのが多いよな。

確かにインスタでも肉とかラーメンみたいにわかりやすく「いいね！」とはならないけど、見た目がアレでも食べると「ウマい！」って多いよね。佐久の居酒屋で食べた黒いきのこ、覚えてる？

うん、見た目は毒ありそうだったよな。

店主さんに失礼！　岩茸っていったっけ。シンプルに炒めたのが予想外にヒットだった。さすがきのこ生産量日本一！

カロリーゼロだし、オレらみたいな中高年のメタボ防止にもピッタリだな。

秋はきのこ名人と行くきのこ狩りツアーもあるんだって。おもしろそう。

……それはディープすぎるだろう。

ココにも注目！　信州は全国で野菜摂取量がナンバーワン！　道の駅などで採れたて野菜が安価で手に入り、家庭菜園をしているご近所さんからのおすそわけ文化も根付いている。価格を気にせず新鮮野菜をモリモリ食べられるのも信州の魅力だ。

南北に長く、地域によって気候や土の状態も異なる信州は、野菜・果物の種類が実に豊富だ。収穫量日本一を誇るレタス、えのきたけ、セロリ(セルリー)、エリンギ、ぶなしめじ、2位のりんご、ぶどう、白菜、3位のアスパラガスなど。シェア上位の農産物が多い。地元だけあって、東京などと比べて手頃な値段で手に入るのもうれしい。

種類や生産量の多さだけでなく、近年ではあまり感じられなくなった季節感が色濃い野菜が多いのも特徴だ。春先はふきのとう(ふきんとう)、たらの芽、こごみ、こしあぶらなどの山菜が登場。道の駅には採れたての山菜、そば店では山菜の天ぷら、居酒屋に山菜のおひたしなどが並び、「春が来たなあ」と目と舌を喜ばせてくれる。

夏は高原の冷涼な季節を活かした夏野菜、レタスやセルリー、パプリカ、なすなど。おやきに入れてもおいしい、なすの味噌そぼろ炒め、通称・油味噌は信州っ子の大好物だ。

秋はきのこ。年中、安定的に生産されるえのきたけやぶなしめじといったポピュラーなきのこ以外にも、県外人は知らない採りたてのきのこが道の駅などに並ぶ。肌寒くなってくる季節、きのこをどっさり入れたきのこ鍋は、秋の信州のごちそうだ。

近年、注目されている伝統野菜の数も70種類以上と全国トップクラス。松本一本ねぎや、小布施丸なす、下栗二度芋《しもぐりにどいも》、ねずみ大根など珍しい地のモノもぜひ堪能したい。

たび活×住み活 22

飯山でかまくら体験＆バナナボートにトライ

すごい雪！　長野市でも戸隠とか結構雪が積もってたけど、飯山の雪の量は全然違うね。雪まつりもあるし、北国キター！って感じ。

雪像のレベルは、札幌の雪まつりにはかなわないけどな。

あっちは自衛隊とかの協力で巨大雪像を作ってるんでしょ。市民総出の手作り感もほのぼのしていいじゃない。ほらっ、あったかい味噌汁のふるまいもあるよ。

おー、あったまる～。信州の味噌汁ってなんかウマいよな。あれっ……、ところでかまくらのある「かまくらの里」と「雪まつり」の会場、別なんだ。雪の中、移動がメンドーだなー。

うーん、雪ビギナーにとっては確かに。

ココにも注目!　新潟に近いゆえ、上杉謙信に送った野戦食といわれる飯山の地元グルメが「笹ずし」。酢飯にのるのはゼンマイなどの山菜やシイタケ、くるみなど。笹には抗菌、防腐作用も。生活の知恵も活きた素朴な里山の寿司だ。

日本最高積雪地点。

そんな碑が立っている地が信州にある。新潟県と接する栄村だ。

その記録、昭和20年、同村の飯山線森宮野原駅の積雪7ｍ85㎝。積雪の高さを示す碑を見上げると、豪雪ぶりがうかがえる。

全国的には信州＝雪国というイメージは薄いかもしれないが、実は県北部に広がる信濃平は世界的に見てもドカ雪地帯だ。

雪が降る仕組みは、海などの水が蒸発し、風に運ばれ、山に当たり凍って落ちるというもの。県北部は対馬暖流の流れる日本海の水蒸気をふくんだ季節風の影響で、新潟に近づくほど雪が増える。「一里一尺」（北へ一里＝約4㎞進むと一尺＝約30㎝雪が増える）という言葉が伝わるゆえんだ。

冬ともなれば、雪かきに追われる厳しい自然環境だが、それを活かして県最北の市・飯山に冬限定で出現するのが「かまくらの里」だ。

複数のかまくらが作られ、実際に中に入ったりなどかまくら体験ができる。かまくら内で食事ができるレストランも開かれ、地元の野菜が入った名物「のろし鍋」を堪能できる。

2月には「いいやま雪まつり」も開催。街のあちこちに市民がつくる雪像が出現する。

ダイナミックな雪像が並ぶ札幌の雪まつりもいいが、多くの寺が集積する地ならではの雪像と寺が点在する町なかを白い息を吐きながら回り、島崎藤村が「雪国の小京都」と呼んだ独特の景観を楽しむのもオツだ。

独自の地元食を堪能するなら、戦国時代に上杉謙信に送られた野戦食といわれる笹ずし、つなぎにオヤマボクチの葉を使う独特の食感が特徴の富倉《とみくら》そばを試したい。

もう1つ、冬季限定で登場するこの地のソウルフードがある。

「バナナボート」だ。

「えっ、雪国で、あのビーチで楽しむゴムボート?」。ではなく、スポンジケーキにバナナと生クリームをはさんだスイーツのこと。

飯山にまだ洋菓子店のない昭和の時代、和菓子店がバナナボートを開発。十分な冷蔵設備がなかったため冬季限定になったという。これも寒い県北部だからこその風物詩だ。

現在は店によって個性あふれるバナナボートが並び、飯山っ子は冬の〝ご褒美〟としてバナナボートにまつわるさまざまな思い出を共有している。

豪雪地だからこその生活の知恵にも思いを馳せつつ、各店のバナナボートを食べ比べするのもいい。

飯山 かまくらの里 KAMAKU
飯山・かまくらの里に行ってきました
おー かまくらいっぱいだ〜
飯山の冬の名物っていえば かまくらと
バナナボートだよねっ
ナニッ!?
キャ〜〜♥
こ、これは
わー
バナナボートだと……!?
コレやりたい!!
←スポンジケーキ
おいし〜ね〜
生クリーム
バナナ
あ コレ
バナナボート……?

たび活×住み活 23

国宝・松本城からのマニアな城を知る

タビスミin信州と称して、取材の模様をSNSでアップしてきたけど、インスタでもFacebookでも一番、反響が大きかったのが松本城。みんな城が好きなんだなあ。

晴れた日だったから、城の壁の漆黒と白、空のブルーのコントラストがいい感じで写真が撮れたのかも。実は、あの黒漆、毎年塗り替えてるんだって。

ふーん、大抵の城って、何年かごとに改修するもんだけど、さすがマメな信州人。今や松本の重要な観光資源だもんな。

天守の保存については、市民から寄附を募って改修したっていうしね。松本は長野市にライバル心を密かに持ってるなんていわれるけれど、行政に頼らず栄えてきた商都としての心意気なのかも。

ココにも注目! 城主が頻繁に替わった城が多いのも信州ならでは。松代の松代城は武田信玄が築いた海津城（かいづじょう）が前身。その後、織田家、上杉家、松平家などを経て、明治維新まで真田家の城となった。

北アルプスの山々を借景に、漆黒の輝きを放つ松本のシンボル、松本城。五重六階の天守閣は、日本に現存する最古のものとして有名。漆喰塗りの白壁との白黒コントラストはシンプルかつ雄大。その色合いから**通称・からす城**とも呼ばれる。

「子供心にも、その素朴で豪放な美に感動した。晴れた日など特に際立って美しく、堀端の人気のない神社の空き地に腰を下ろし、飽かず眺め続けたものだ。」

松本で育った映画監督の熊井啓さんはそう自著で振り返るが、確かに全国の城のなかでも人気が高く、海外からの観光客も多い。

だが、この地の城は松本城だけではない。十余の藩が存在した信州には戦国時代から江戸時代にかけ、多くの地方大名により城が建てられた。

例えば、函館・五稜郭とともに**日本に2つしかない星型稜堡《りゅうほ》**をもつのが佐久市の龍岡城。五稜郭のように近くからは見下ろせないが、裏の山の中腹に展望台がある。また、堀をジグザグ歩けば確かに星型とわかるのもおもしろい。平安時代に建てられ、戦国時代に武田領となった**小諸城**は城下町より低い位置にある**全国的に珍しい穴城**として知られている。

また、小諸城には浅間山の噴火で噴出された「焼石」で作った全国でも数少ない石垣も。天守閣はなくともマニアな城跡にも足を延ばし、その地の歴史を振り返りたい。

善光寺だけじゃない！ 秘境な神社仏閣を巡る

信州って、どこの町にも渋い寺や神社があるよな。諏訪大社は圧巻だけど、全国的には知られてない寺や神社もなんだか重厚感があるんだよな。

上田の別所温泉の辺りは、歴史ある神社仏閣が多くて、〝信州の鎌倉〟って呼ばれてるらしいよ。

鎌倉……それ言い過ぎじゃね（笑）。

失礼ね！　私1人で行ったけど、鎌倉みたいに混んでなくて渋い街並みが良かったな。あと、佐久の龍岡城に行った時に寄った新海三社（しんかいさんしゃ）神社。室町時代に建てられた三重塔が国の重要文化財らしいけど、参道のブッとい杉並木がすごい迫力で、荘厳な雰囲気が良かったよね。

まあ、その辺歩いてたのは、いつも通りオレたちだけだったけどなー。

ココにも注目！　諏訪大社では「動物を食べること＝功徳」とし、狩猟・肉食の免罪符となるお札「鹿食免（かじきめん）」を販売している。日本で肉食文化が根付く前から、この地でシカやイノシシなどを食べられてきたゆえんでもある。

信州の神社仏閣といえば、全国から信者や観光客が集う善光寺を始め、そばでも有名な戸隠神社、諏訪大社あたりがまず思い浮かぶだろう。

だが、タビスミ上級者を目指すならば、各地域に根差し、住民から崇拝されてきた古い寺や神社を巡り、その地ならではの歴史にも触れたい。

たとえば、善光寺をお参りするならば、セットで足を向けたいのが上田市別所温泉の北向観音。本堂が北向きの珍しい霊場で、本堂が南向きで来世の利益を願う善光寺と一緒にお参りすると、現世と来世の幸福が約束されるといわれている。飯田市の元善光寺も併せて行きたい。善光寺の御本尊が最初に置かれたところで長野市の善光寺だけでは〝片参り〟といわれている。7年に一度の御開帳時に合わせてゆっくり南北縦断もいい。

松本の四柱《よはしら》神社は、観光客が訪れることも多いが、名前通り4つの神を祭神とし、すべての願いごとをかなえてくれるという。「願いごとむすびの神」というありがたい神社だ。

また、奈良、鎌倉と並ぶ日本三所の長谷寺があるのが長野市篠ノ井《しののい》。他の長谷寺同様、あじさいが有名だ。戸隠と並び、北信濃三大修験場に数えられる飯山「小菅の里」、「飯縄山《いいづなやま》」もその荘厳な雰囲気がいい。

その他、小海町の松原湖は周囲に9つもの神社があるという珍しいエリアでもある。

わさび田の緑に癒され、山国の意外な歴史を知る

「大王わさび農場」って、いつ来ても癒されるなあ。水はきれいだし、せせらぎもいい。バックの安曇野の田園風景と北アルプスの山々も絵になるよな。

どうしたの、急に詩人みたいになっちゃって。いつもの毒舌はどうした(笑)? 美しい自然を前にすると、腹黒い男も多少は人格が変わるのか……。

いやー、ホント、ここをウチの庭にしたいぐらい(笑)。

あのね、ここは創業者が2年間の交渉の末に土地を手に入れて、20年かけて開墾したの。のどかな癒しの農場の裏に、大変な苦労があったんだから。

信州人、やっぱ〝ずく〟ハンパねえ!

ココにも注目! わさびは葉や茎以外に、花もおひたしや天ぷらにして食べられる。春の季節になると、わさびのかれんな白い花があちこちで売られているのを見かけるのも信州の風物詩だ。

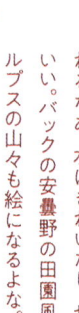

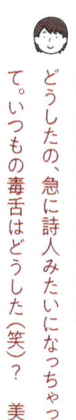

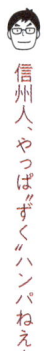

全面積15ヘクタール。坪にして4万5000坪。東京ドームで約3個分。畳を敷いたら約9万畳……。

とにかくケタ違いの広さで、世界最大のわさび田を擁する安曇野市の「大王わさび農場」。実は信州は、日本の本わさびの生産量の約4割のシェアを占める。2、3位の岩手、静岡を引き離して堂々のナンバーワンだ。

そのけん引役、大王わさび農場は観光スポットとしても人気。定期的にイベントなども開かれ、地元っ子も折に触れて訪れる。

だが、そののどかな風景を心に刻むならば、この地にまつわるストーリーも知っておきたい。

一つがこの地を開墾した創業者・深澤勇市さんの物語だ。

敷地内に農場を紹介する資料館があるが、深澤さんを紹介する掲示に大きく記されているのが「信念の人」「努力の人」「あきらめない人」。

北アルプスを水源とする犀川、穂高川、高瀬川がクロスし、湧水が豊富なこの地に目をつけ、2年間かけて土地所有者を説得し、取得。資金調達に奔走し、200人の人員を動員し、20年もの歳月をかけて開拓したという。

まさに信州でいうところの〝ずくある人〟のあり方を知るにも、格好の人物、教材といえるだろう。

二つ目が安曇野、穂高エリアにまつわる意外な歴史だ。

海の恵みである刺身、寿司に欠かせないわさびの供給を支えてきたのが〝山国〟というのもおもしろいが、実は地名の由来であり、九州・博多からこの地に移り住んできた安曇野族は海神を祖とする民族だ。安曇野族の始祖を祀る穂高神社の御船祭りを始め、このエリアでは船の形の山車《だし》を曳航する祭りが多く行われている。

三つ目は「大王わさび農場」の大王とは誰か。というと、この地に伝わる伝説上の人物「魏石鬼八面大王《ぎしきはちめんだいおう》」に由来する。別の説ではこの地を治めていた実在する豪族ともいわれ、近隣には大王を祀る大王神社がある。

山の国に由来する意外な歴史、伝説の数々。

車でビュンと訪れるのもいいが、穂高駅からテクテク歩いて穂高神社にも立ち寄り、田園風景を眺めつつ古の海神族の神秘に思いを馳せるのもいい。

うーんここ気に入った
庭にしたい
ナニバカ言ってんだか…

松本山雅流 “おもてなし”を知る

久しぶりに来たなあ、松本山雅のホーム「サンプロ アルウィン」。J2からJ1になると人の数もスゴい！

松本山雅といえば、オレら世代の頭に浮かぶのは松田直樹かな。マイアミの奇跡の時のメンバーなんだよな。

練習中に亡くなった選手だよね……で、マイアミの奇跡ってなんだっけ？

知らないのかよ。アトランタオリンピックで日本代表がブラジルに番狂わせで勝った時の試合のこと。その後、松田はマリノスで戦力外通告されて、松本山雅に来たんだ。ちょっと生意気な印象だったけど、身体能力は高かったよなあ。

さすがサッカー県のダサイタマ人！サッカーでは信州に唯一勝てるんじゃない？

だから。ダサイタマ、禁句って！

ココにも注目！ 松本山雅発祥の地である喫茶店「喫茶山雅」。そのマスコットキャラクター&マスターは、クマの「ヤッフィー」。コーヒーとフットボール文化を根付かせるべく奮闘中。アルクマに負けじとがんばっている！

北アルプスをバックに広がる緑のピッチ。絶景スタジアムとしては、富士山を臨む日本平スタジアムと匹敵する美しさを擁する。試合となれば、スタンド全体がチームカラーの緑に染まる。松本を本拠地とするサッカーチーム「松本山雅」。そのホーム「サンプロ　アルウィン」は、まさに自然豊かな信州のチームの一つとしてふさわしいカラーリングを見せてくれるスタジアムといえる。

信州といえば、静岡、埼玉などのサッカー先進エリアでもなければ、東京、大阪、名古屋のような大都市圏でもない。

だが、アルウィンのホーム平均入場者数はリーグ内、常に上位にランクインしている。ＪＦＬ、Ｊ２時代から各カテゴリートップを走り、Ｊ１入りをした２０１５年は収容人員２万人に迫る約１万７０００人をキープした。

１年間であえなくＪ１圏外となったものの、18年はＪ２で２位の観客数を動員。Ｊ１に復帰した19年は平均１万８０００人台を維持している。試合だけでなく、練習場にも足を運び、選手を見守る熱狂的なファンも多い。

サッカー文化がなかったこの地で、これほどに地元ファンを惹きつけている理由は何か。さまざまな資料、インタビュー、ファンの声から浮かび上がってくるのはチームの地域密

着型の姿勢だ。

元々は1965年、松本駅前にあった「純喫茶山雅」へよく通っていた長野県選抜の選手を中心に結成されたのが発端。成り立ちからして、企業の実業団チームではなく、まさに〝わが街〟から生まれた、おらほのチームなのだ。

その後の観客動員のためのチラシ配りや署名活動、駐車場の交通整理まで、試合の運営の大半はサポーターおよびボランティア主導で行なわれてきたという。

そこには松本っ子のDNAも関係しているようだ。

松本城の天守保存も民間の寄附で賄われたように、松本っ子は行政の力に頼らず、自らの力で街を守るという気質を持っているという。長野市へのライバル心に加え、商都として栄え、先駆けて自由民権運動が起こった歴史的経緯も影響しているのかもしれない。

一旦は閉鎖された「純喫茶山雅」も15年、クラブ設立から50周年の記念事業の一環として、復活プロジェクトがスタート。17年2月25日、約40年ぶりに「喫茶山雅」が復活した。その翌年、J1復帰を決めたのには、どこか不思議なミラクル、ラッキーパワーがつきまとう。18年、松本城を中心に行なわれたJ2優勝&J1再昇格パレードには、約5万人超の観客を動員。街を挙げて大いに盛り上がった。

また、他サポーターにとってうれしいのは、松本駅からアルウィンまで、無料のバスが送迎されていること。松本山雅運営サイドおよび地元の名門企業アルピコグループの粋なはからいだ。塩尻市でも市の支援もあり、無料シャトルバスを運行している。

また、「松本市を楽しんでもらおう」と、松本市では松本城の無料観覧券を配るなどの〝おもてなし〟も実践している。

老若男女、ファン層が厚いのも特徴で、サッカー大国の静岡・清水や埼玉・浦和などに比べ、試合を見る目、応援ルールもいい意味で緩く、温かい。シニアのファンにとっては地域を代表する孫のような存在で、自分が作った野菜を差し入れするような人もいるという。

ただし、ほのぼのムードの一方、同じ県でも永遠のライバルである長野市、須坂市などをホームタウンとするチーム、ＡＣ長野パルセイロとの一戦〝信州ダービー〟は、松本っ子にとって「決して負けられない」バトルでもある。

みなの願いはＪ１常連チームになること。地元っ子に混じってその進化を見守りたい。

そして。ＡＣ長野パルセイロもがんばれ！

“クラフト市”でアーティスト気分を味わう

松本市ってクラフトが有名なんだって。

クラフトって、クラフトビール？　最近、どこもクラフトビールブームだな。

確かに信州は、佐久のヤッホーブルーイングとか地ビールも有名だけど、ここでは工芸のこと。町なかで品のいい家具店、雑貨店見かけなかった？

……そうだっけ？

どうせ地元グルメの山賊焼きのおいしい店探しに気を取られてたんでしょ。5月には「クラフトフェア」などの工芸のイベントも開かれるんだよ。

そういや、あの水玉アートの草間彌生さんが生まれたのも松本だよね？　最初見たときは「オレでも描ける？」と思ったけど、すっかり人気急上昇だね。

世界の著名アーティストに失礼！

ココにも注目！　小布施町をよく訪れ、地元の豪商・高井鴻山の庇護を受けた葛飾北斎、上田市の真田家を描いた『真田太平記』などで知られる池波正太郎、信州の風景を描き続けた東山魁夷など、地域ごとに著名な文化人、その記念館も数多い。

信州に位置する美術館・博物館は362館。この数、東京や北海道を上回り全国1位。人口10万人当たりでもトップレベルを誇る（文部科学省調査）。

加えて、先に挙げた草間彌生さんほか、絵本作家・いわさきちひろさん、画家の原田泰治さんなど、縁あるこの地の美しい自然に惹かれて居を構え、信州の自然や風景を描いた芸術家も多く輩出している。日本でも有数のアート先進エリアなのだ。

特に松本は別名〝工芸のまち〟。城下町として、各地から匠たちが集結した歴史から、日本民藝の祖・柳宗悦《やなぎむねよし》さんや、英国の陶芸家であるバーナード・リーチさんの指導などにより工芸品が盛んにつくられた。

また、木工家・池田三四郎さんの手で松本民芸家具も誕生。市内には、さりげなく伝統家具が置かれたホテルや飲食店も数多い。

5月には全国から作家、工芸ファンが集まる「クラフトフェアまつもと」を始め、工芸関連の数多くのイベントが開催。街は芸術モード一色で染まる。市や県の主導ではなく、民間のボランティア組織でイベントを運営しているのもこの地ならではだ。

松本は音楽の街でもある。人口が24万人弱の市にあって、世界トップレベルの音楽祭、著名指揮者・小澤征爾氏が創立した「セイジ・オザワ　松本フェスティバル」を開催。市

内の小学生は学校行事で鑑賞したりするというからうらやましい。

　また、「まつもと市民芸術館」で人気を集めるのが信州・まつもと大歌舞伎。同館の芸術監督・串田和美さんは平成中村座の演出家も務めており、故十八代目中村勘三郎さんも何度か舞台に上がった。中村勘九郎・七之助兄弟が遺志を引き継いでおり、この地の中村家への親しみの情は今も深い。

　こうした特別なイベントに出向かずとも、町なかをブラブラ歩き、古い蔵造りの工芸店や松本家具が置かれた飲食店に訪れるだけでも、この地に根付く文化の香りを楽しめる。

　ちなみに、松本には、市中心部に大型のショッピングモール「イオンモール松本」があるが、外観は蔵をイメージしたデザインで、吹き抜けには特産品「松本てまり」がオブジェとして飾られる。さらに、この地は製糸業で栄えた片倉工業の所有地。昭和初期の建築物「旧製糸工場事務所棟」の外壁が再生され、レストランとして活用されている。

　とかく大味なイメージになりがちな大型モールにも、さりげなく〝松本らしさ〟が感じられるのは楽しい。

　先に紹介したいわさきちひろさん。自身は東京生まれながら、子どものころに信州生まれの両親の実家によく遊びに行ったとか。

晩年、黒姫高原にアトリエも構え、積極的に信州の風景をスケッチしたという。また、脳裏に刻まれた信州の美しい自然、鮮烈な空気感は原風景となって体に染みついていったのか。それ以外の絵も、どこか信州の清涼な空気、花や緑の香り漂うさわやかな風を感じさせる。絵画購入とまでいかなくとも、松川村の安曇野ちひろ美術館でポストカードを買い求め、自宅で信州の風を感じるのもいい。

山賊焼きとは？

にんにく、しょうがを効かせた醤油ダレに鶏の胸肉やもも肉を漬けこみ、片栗粉をまぶして揚げた豪快メニュー。

元祖は松本市の「河昌」、あるいは塩尻市の居酒屋「山賊」という説もあり、「山賊」は「物を取り上げる→鶏揚げる」から命名されたともいう。

まるごとから揚げ最高！

いい年してから揚げかい！

松本ぼんぼんの歌と踊りをマスター

「松本ぼんぼん」って知ってる？

なに？　どこの金持ちのボンの話？

また、つまらないボケ、ヤメて……。松本市で行われる夏祭りで、みんなで踊って歌って盛り上がる一大行事。学校単位で参加する人も多くて、大人になってもテーマソングを歌える、というのもあるあるらしいよ。

そういや、20代の松本っ子が言ってたね。「白線流し」は知らなかったけどな。

テレビドラマの話、シツコいな……。松本だけじゃなくて、各地でユニークな名前の夏祭りがあるの。ションションだとか、わっしょいとか、ドカンショとか、りんごんとか……。

名前は意味不明だけど、なんか盛り上がってる雰囲気は伝わるな！

ココにも注目！　夏の祭りといえば、信州各地で行なわれる花火大会も人気だが、長野市では全国でも珍しく、11月に「えびす講煙火大会」が開かれる。白い息を吐きながらの花火鑑賞もまたオツだ。ただし寒いので防寒対策は万全に！

「♪ぼんぼん松本ぼんぼんぼん」

一度聴くと耳から離れない哀愁を帯びたテーマソングに合わせ、会社や地域、学校のクラス単位など２００以上の連と呼ばれるグループで踊りながら、町を練り歩く。松本の夏祭りの「松本ぼんぼん」だ。松本市民を超えるほどの人が集まり、地元ケーブルテレビでも中継。高い視聴率を誇る一大行事となっている。

この「松本ぼんぼん」、元々は女の子のお祭り。浴衣を着てポックリ下駄をはき、クラスメイトと思い出作りに参加したという女子も多い。男の子のお祭りは「青山様」。「青山様だ、わっしょい！」と威勢のいい掛け声とともに神輿をかついで町内を回る。

松本以外にも、信州の夏祭りは市民総出で歌い、踊り歩くスタイルが多い。

長野市で開かれるのが「長野びんずる」。〝市民総参加〟をテーマに掲げるように、踊りは比較的簡単で、飛び入り参加も可能だ。中野市は「中野ションションまつり」、上田市は「上田わっしょい」。小諸市の「こもろ市民まつり」は「みこし」と踊りの部「ドカンショ」の二部構成。南信の飯田市は「飯田りんごん」、諏訪市は「よいてこ」、中川村の「中川どんちゃん祭り」など。名前も独特で楽しい。8月第一土曜日に開催される祭りが多いため〝はしご〟は難しいが、参加するならそれぞれのテーマソングぐらいは覚えておきたい。

川魚の意外なウマさに開眼する

今回、初めて佐久の名物という鯉を食べたけど、鯉のあらい、おいしかったなぁ。身もキレイで全然、臭みがなくて。普通なら酢味噌で食べるところを、シンプルにお醤油とわさびで全然イケたもん。

オレのイチ押しは信州サーモン。東京でも最近、提供する店が出てきたけど、産地だから新鮮なのかな。中年夫婦としては、脂ののりまくったサーモンよりいいな。

でさ、川魚じゃないんだけど、南信州の遠山郷の温泉で、フグの開発にも成功したらしいよ。

遠山郷って山ん中だろ？
塩分濃度が高い温泉水を活用したの。
〝海なし県〟侮れねえ。

ココにも注目! 飯田市・遠山郷で生まれたトラフグは、その名も「秘境遠山の神ふぐ」。なめるとしょっぱいほど塩分濃度が高い天然温泉「かぐらの湯」を活用し、約7年かけて開発に成功した。

「信州で魚？」。

海なし県ゆえに魚介グルメのイメージは薄いという人も多いだろう。だが、その実、豊富な河川のキレイな水を活用したウマい川魚の宝庫なのだ。

特に近年、生産が追いつかないほどの人気を集めているのが信州サーモン。

２００４年、長野県水産試験場が約10年かけて開発したもので、肉質の良いニジマスと病気に強いブラウントラウトのいいとこ取りで生まれた信州ブランド。肉質が繊細で、とろける舌触りが特徴。生でもシンプルに焼いてもイケる。

信州サーモンに続けと、17年にデビューしたのが信州大王イワナだ。川魚らしい繊細な白身で脂がありながら、味はさっぱり。東京の豊洲市場でも高値で取引きされている。

東信・佐久のご当地グルメとして知られているのが鯉だ。歴史は古く、18世紀末、ご当地の呉服商が大阪・淀川の「淀鯉」を持ち帰ったのが始まりといわれている。

鯉というと泥臭いイメージがあるが、佐久の寒暖差のある気候、千曲川の清冽な水、伏流水により身の引き締まった鯉を生産。鯉の品評会などで日本一の称号を得ている。

鯉のあらい（刺身）は、酢味噌で食べるのが一般的だが、臭みがない佐久鯉はわさび醤油で食べるのがご当地流。佐久エリアに13蔵ある日本酒をお供にしたい。

うなぎは冬が旬と知る

岡谷は〝寒の土用丑の日〟発祥の地って知ってた？

土用丑の日といえば夏に決まってるだろ。奇をてらって売る作戦か？

わかってないなあ。うなぎは本来、冬が脂がのっておいしくなる旬なの。

へっ。じゃあ、なんでいつの間に夏が旬みたいになったんだ？

実は江戸時代の学者・平賀源内の戦略だったの。夏の売上げ不振に悩んだうなぎ屋の店主の相談に応じて、「土用の丑の日」と称して、暑い日に食べると元気になるって売り出したのが始まりなんだ。まあ、栄養価が高いから、夏バテに効くのは間違いじゃないけど。

策略が多数派として定着したとは……ザンネン。岡谷、がんばれ！

ココにも注目！ 信州グルメの川魚には他にもウグイ（ハヤ）がある。千曲川が流れる佐久や上田などでは、つけ場と呼ばれる仕掛けで獲ったハヤの唐揚げ、塩焼きなどが食べられる。パリパリした唐揚げはビールのつまみにもピッタリ。

諏訪湖に面した街、岡谷市。天竜川を源とするこの湖では、浜松からうなぎの稚魚が上ってきて育ち、かつてはうなぎが獲れたという。

県歌「信濃の国」で「諏訪の湖《うみ》には魚多し」と歌われるのも、その歴史ゆえ。伝統を引き継ぎ、岡谷や諏訪周辺では今もうなぎ店や川魚料理店が多く位置する。

特に「うなぎのまち」を標榜する岡谷では一般的な夏の丑の日に対抗し、うなぎの脂がのる冬に「寒の土用丑の日」を提唱。うな丼ほか信州のご当地丼を提供する出店が並ぶ「寒の土用うなぎ祭り」も開かれている。

調理法もユニークだ。うなぎは、関東と関西でさばき方、焼き方が、それぞれ「背開き＋蒸してから焼く」「腹開き＋蒸さずに焼く」とスタイルが異なる。

では、岡谷はどうかというと関東風と関西風のハイブリッド型。さばき方は関東風の背開きで、焼き方は蒸さずに焼く関西風で調理する。これが表面パリッ、中がふんわりのポイント。店によっては好みのスタイルから選べるところもあり、自由度が高いのも特徴だ。

一方、諏訪や下諏訪エリアは関西風と関東風の店が混在している。

日本のへそ（中心地）ならではのうなぎ文化を堪能するなら、各店を巡り、自分好みのスタイルを見つけたい。

飯田線秘境駅の洗礼を受ける

飯田に行くなら、秘境駅で人気のローカル線・飯田線で行くべし！　というわけで愛知の豊橋駅から始発で出発。豊橋名物のカレーうどんもウマかったなあ。もはや信州グルメじゃないし……。でも各駅列車の旅もいいね。窓から見える天竜川もキレイ……えっ、キミ寝てる？

……ああ、気持ちよかった。

起きてよ、秘境駅エリアだよ！　これが電車でしかアクセスできない小和田駅。中井侍って駅名もおもしろいね。

ふー。待ち合わせの温田駅着いたー。ところで会う人との待ち合わせはいつ？

1時間半後ぐらいかな。

マジかよ！　時間潰すところないし。

だから秘境駅なんだし！

このジレンマ……秘境駅恐るべし。

ココにも注目！　鉄道に関する多くの著書を持つ牛山隆信さんの全国「秘境駅ランキング」（2018年）でJR飯田線は3駅がトップ10入り。一旦降りると、次の列車は2〜3時間後はザラなのでご利用は計画的に！

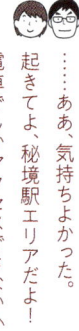

1日の利用客はわずか数人。付近に店はもちろん民家もない。人の影さえ見えない。そんな〝秘境駅〟の宝庫として人気を集めるローカル線が信州にある。JR飯田線だ。

愛知県豊橋駅から信州辰野駅を結ぶ195・7km、停車駅数94。各駅停車で所要時間は約7時間。もはやお尻が痛くなるための罰ゲームのようだが、のんびり、ゆったり、車窓からのコバルトブルーの天竜川、雄大な南アルプス、伊那谷の田園風景をながめつつ、駅の名前の由来や歴史、そこにあった人々の営みに思いを馳せる旅もいい。

なかでも駅周辺に道路がなく、電車でしかアクセスできない秘境中の秘境駅的存在が小和田《こわだ》駅だ。位置するのは静岡県浜松市天竜区。〝市〟にあるとは思えない木造の渋いたたずまいの駅舎だが、皇太子、今の天皇の成婚時には、雅子様の旧姓「小和田」にちなんで、恋愛成就の駅として一躍注目を集めたこともあった。

ユニークな名前の駅が、長野県最南端の中井侍《なかいさむらい》駅。静岡県に近く、信州にあって温暖な気候を活かし、県内唯一のお茶の産地として知られている。ちなみに侍はいない。

実はこののどかなローカル線の敷設は、ある北海道人の尽力がなければなしえないものだった。飯田線は、明治時代に敷かれた4つの私鉄が統合された線区だが、その一つ、旧三信鉄道の三河川合駅─天竜峡駅は、秘境だけに工事の難所であり、引き受け手がいなかっ

たという。そこで旧三信鉄道に請われ、測量および現場監督として活躍したのが道内鉄道の多くを測量してきた上川アイヌの長・川村カ子《ね》トさんだ。ちなみに工事費の工面でサポートしたのが、後に熊谷組を創設した熊谷三太郎さん。厳しい環境下、朝鮮半島からこの地に渡り、実際の土木工事を支えた人々の存在も大きい。

また、かつて飯田の主産業だった製糸工場があったことで知られる下山村駅と飯田高校がある伊那上郷駅間には〝下山ダッシュ〟なる謎の競技が伝わる。

これは地形ゆえに大きくカーブし、約6㎞ある両駅間を、直線距離約2㎞をダッシュして走ると、乗り遅れた電車に追いつけるというもの。高校生らが編み出したほほえましいウラ技だが、その後、テレビ番組などでも実証実験が行なわれ話題を呼んだ。

秘境駅とは、鉄道に関する著書を多く持つ牛山隆信さんが名付け親で、そこから鉄道マニアの間で鉄道を楽しむ新たなジャンルとして確立された。現在では「飯田線秘境駅号」なる観光列車も運行し、人気を集める一方、牛山さんが著書で指摘するように知名度が上がれば「秘境駅が秘境でなくなる」という大きな矛盾も生まれる。

元々小和田駅周辺も、近隣に集落があったのがダム建設により水没し、今に至る。そんな小さな駅の物語に思いを馳せるなら、少人数で時間に余裕を持って訪れたい。

愛知県・豊橋
豊橋名物のカレーうどんうまかったな～
信州名物じゃないけど
カレーうどん
トロロ
ごはん
オールイン!!
飯田線の旅、豊橋駅をスタートにして良かったよねっ！
待ち合わせの温田駅まではあと少しだね～
景色がキレ～～～!!
って寝てるし！
ンゴー
温田駅
ポツーーーーン
ぬくた
温田
待ち合わせ時間は？
あと1時間半くらいかな…
温田駅
どこでどう時間潰すんだよ！
何もないから秘境駅なんでしょ！
ふうふゲンカか？

のびてる!?ラーメン、唯我独尊のハルピン…個性派麺活に励む

毎回、タビスミ恒例のご当地麺活だけど、信州のラーメンは意外に〝クセモノ〟が多かったな。衝撃的だったのは飯田の新京亭のやわらかいラーメン。コレのびてる？ って一瞬思ったもん。

優しい味で私は好きだったけど。焼き餃子がなくて、揚げ餃子推しなのもおもしろかったね。

餃子つながりではご当地中華チェーンのテンホウの餃子も個性的だったな。

八角とか香辛料がグイグイ前に出てたね。食べたことのない味だったわー。

諏訪で食べたハルピンラーメンも、伊那のローメンも独特だし。

信州味噌の発祥といわれる安養寺の味噌ら〜めんはさすがにおいしかった。信州のご当地麺、まだまだ開拓の余地がありそう！

ココにも注目! 信州のご当地ラーメン店といえば「ラーメン大学」、通称ラー大も人気。全国チェーンながら長野にFC店が多くある。地元名門・信州大学に行けなくても、ラー大なら誰でも"入学"OKだ（笑）。

信州の麺＝そばだけと思ったら大間違い！　その例として、信州ならではのナゾめいた4つの麺料理をご紹介しよう。

①腰の強さ重視の麺が多いなかで、のびてる？　って思うほどに麺がやわらかい。

②味噌でも醤油でも豚骨でもない。

③ラーメンでもなければ焼きそばでもない、クセが強い！

④タンタンメンだけど、ちっとも辛くない。

まず、①のやわらかラーメンを提供するのは、**飯田の「新京亭」**。麺は平打ちストレート麺で、やわらかい稲庭うどんのような感覚。スープは上品な中華そば風だ。肉大好きな地にあって拍子抜けするほど優しい味だが、昼時は行列ができる人気店。家族連れやシニア層も多く、古くから地元っ子に親しまれてきたことがわかる。常連が必ず頼むという**揚げ餃子**は、下にキャベツの千切りを敷き、特製のタレがかかった状態で出される。やわらかラーメンのお供に、コレがカリッとしてウマい！

②は、諏訪発祥の人気店**「ハルピンラーメン」**。にんにくをベースとし、長年寝かせた熟成ダレが特徴で、規定のジャンルの枠にはまらない、もはや〝ハルピン味〟というべきもの。**大盛りつけ麺**なども人気で、ガッツリいきたい男性一人客の姿も目立つ。ラーメン

に加えて、シャキシャキもやしがのっかったゆで餃子は隠れた人気メニュー。水餃子でもなく、蒸し餃子でもない、ゆでた餃子の独特のプルンとした食感が絶妙だ。

③は伊那の名物麺のローメン。発祥は伊那市の中華料理店「萬里《ばんり》」。中国から引き揚げてきた経営者が、伊那市で当時飼育されていた羊肉を使うことで独特の麺料理を開発。羊肉と蒸した硬めの中華麺を独自のスープ、ソースでキャベツなどと共に煮込むか、炒めた料理。スープ風、焼きそば風など、店によってアレンジも色々で、市内の約90店舗で提供している。

マトンを使うため、好きな人にはクセになる味、苦手な人にはNGのクセモノだが、卓上の胡椒や一味、カレー粉などで好みの味を作れる店や、豚肉バージョンを出す店もある。

④は長野県内に約30店舗を展開する中華チェーンの「テンホウ」。ラーメン、餃子、定食など、気軽なメニューがお手頃な値段で食べられる。

メニューはオーソドックスな醤油ラーメンのほか、注目の一品が、わざわざ「辛くない」と謳うタンタンメン。「なぜ?」と思うが、ゴマだけを使った正当派タレを使いながら、辛いのが苦手な子どもも安心して楽しめるように辛味を排除。まさにファミリー層の味方!

辛党は卓上の豆板醤、ラー油、七味（オリジナル）などを入れて好みの味に仕上げよう。

テンホウのもう１つの名物が「ぎょうざ」。八角などの香辛料を漢方などの考えに沿って配合した餡が特徴で、かなり〝攻めている〟メニューといってもいい。

その他にもなつかし系デカ盛り中華店や、行列必至の本格派ラーメン店も多い信州。麺食い県で地元っ子気分で麺をすするなら、〝ご当地中華〟にも注目したい。

哈爾濱《ハルピン》ラーメン
がオンリーワンラーメンな理由は
秘伝の
寝かせダレ
中国から伝来した製法に青森県産
にんにくを中心とした様々な食材を
4年熟成発酵させたタレ使用
ズズーーッ
クセになるウマさ…!

日本一の焼肉の街で煙モクモク体験！

ココが飯田で人気の焼肉屋さん？　かなりディープじゃない？

日本一の焼肉の街で食べるなら、やっぱり老舗の「徳山」を押さえなきゃ。

えーっと、緑のエプロンをつけて、匂いがつかないように上着を袋に入れて。この袋、お米の袋？　おもしろい（笑）。

まずマトン来た。おお、臭みなし！　札幌で食べたジンギスカン以来のマトン、おいしい！　ねえ、隣の人が頼んでる、あの黒い皮がついた肉、ナニ？

皮つきの牛の黒ミノ。見た目はちょっとグロいけど、地元の人には人気だね。

……ところでさ、煙がスゴくない？　写真撮りたいけど、煙でもはや目の前の肉もキミの顔もよく見えない（笑）。

これぞ焼肉の街のディープ体験。

ココにも注目！　ジンギスカンが食べられるエリアは北信にも。信州新町だ。国道19号の一部には「信州新町ジンギスカン街道」と呼ばれる道路も。おいしい羊肉が食べられる店が集結する。

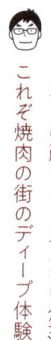

花見やお祭り、ちょっとした仲間での集まりや家に来た客人のおもてなしなどなど……。何かにかこつけて南信州・飯田で登場する地元っ子大好きグルメが焼肉だ。

焼肉の街というと、大阪の鶴橋あたりが頭に浮かぶが、人口に対する焼肉店の密度は1万人当たり全国平均が約1・5軒に対し、飯田市は5軒超で市単位ではダントツ1位。街に〝日本一の焼肉街〟という看板が堂々と掲げられているのは、決して大げさではない。

この地で焼肉を食べる際には独自のルールがある。

一つがマトン（羊肉）、モツがメジャーメニューと心得ること。

もちろん一般的なロースやカルビもあるが、人気なのは牛肉より羊。牛豚を頼む際もモツやセンマイ、コブクロ、ミノといった内臓系を頼むのが地元流だ。

二つ目は昔ながらの煙モクモクのお店にひるむべからず。

代表選手が市内最古参といわれる「徳山」。メニューは基本、肉とビール、酎ハイ、ハイボール、日本酒、ライス程度で、こじゃれたサイドメニューやワインなどはない。

ここでは髪の毛に匂いがつくことなど気にせず、店内に充満する煙さえもごちそうと考え、ワシワシと肉を食らうのが正解。上着を入れるための袋（米袋）も用意されているので、気になる人は上着だけでも避難させよう。

三つ目は、上級編として飲食店で食べるだけでなく、鉄板やガスコンロのレンタルサービスＯＫの精肉店を押さえること。

焼肉店が多ければ、この地は精肉店の数も全国トップクラスに多い。飯田っ子の家庭では、**一家に一台、焼肉用の鉄板**があるのがデフォルトだが、精肉店に頼めばガスボンベや鉄板などすべてセットで用意してくれるサービスもある。

地元っ子に焼肉パーティに呼ばれたら、こうしたルールに通じておけば、戸惑うこともない。

独特の焼肉文化が根付く飯田では、おでんにも特色がある。

それはカラシではなく、**ネギダレ**をかけること。ネギと醤油、鰹節、みりんなどを混ぜたタレで、店や家庭によってもレシピが異なる。

エリアごとにまったく異なる食文化を有するこの地。飯田に来たら、まずはガツンと焼肉で地元っ子との交流を深めたい。

飯田の焼肉店・徳山に行ってきました
うわ〜〜〜
噂通りのモクモク店内!
いらっしゃいませー
モク
モク
これが上着入れのコメ袋!!
マトン旨っ!
モク
モク
ジュ〜
モク
モツの種類も多いよねー
ちょっくらトイレいってくる
食った〜飲んだ〜
酔っぱらった〜
オッケー
うおっ! オレの席はどこいった!?
モク
モク
モク
モク
店内遭難かっ!

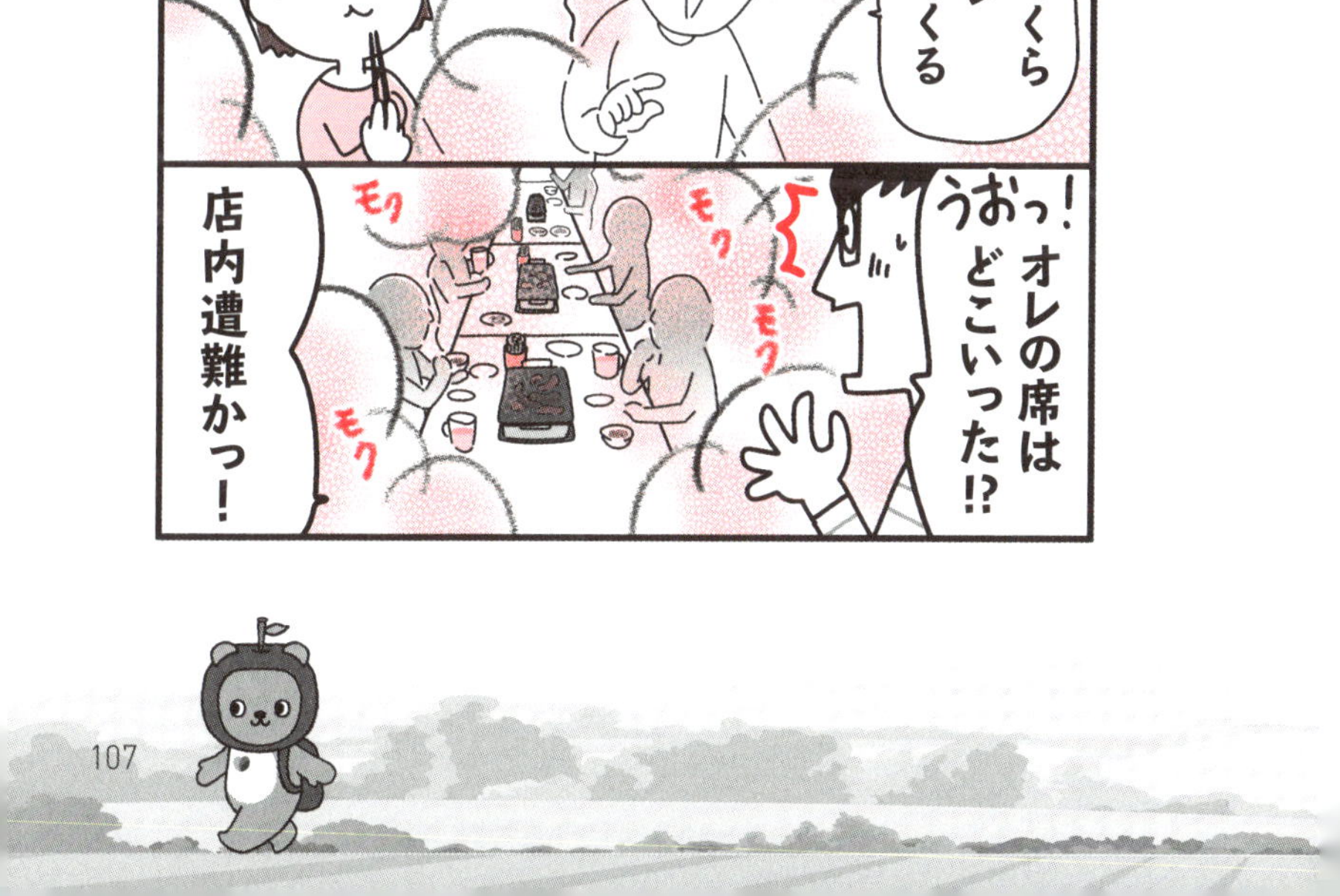

樹齢何百年の古桜の名の由来を知る

信州の南部って、樹齢300年を超える古桜や樹の形が珍しい名桜の宝庫なんだって。

日本人、桜好きだからなあ。まあ、そんなこと言って、レイコは花より団子、いや花より酒だろ。

失礼ね！　風流なのはね、一本桜といって桜の木それぞれに名前がついているのも特徴なんだ。

名前？　じゃ、ヒロシ桜とかもアリ？

また、しょうもないボケを……。

でも、りんごの木のオーナー制度ってあるなら桜の木のオーナー制度はどう？

いやいや、百年単位の歴史を経て、なお美しい花を咲かせてくれるからこそ、地元でも愛称で親しまれているのよ。

まずは長生きの備えからか。

ココにも注目！　枝垂れ桜が有名な、飯田市の杵原（きねはら）学校は山田洋次監督・吉永小百合さん主演映画「母べえ」のロケ地にもなった。開花のシーズンほか、なつかしい木造校舎も人気で多くの人が訪れる。

桜の名所といえば日本各地にある。だが、樹齢300年を超す古桜、一本桜が多く残る全国でも稀有なエリア。それが飯田市・伊那谷南部だ。

なかでも唯一無二の奇跡の桜が、飯田市の麻績《おみ》神社境内にある「麻績の里 舞台桜」。特徴は濃いピンクの品種・エドヒガンザクラで1つの花ごとに花びらの数が5~10枚と異なる「半八重」の花を咲かせること。加えて枝が垂れる貴重な品種「半八重枝垂れ紅彼岸桜」として知られている。

舞台桜の名前の由来は、木の背後にある旧座光寺麻績学校校舎の一階が歌舞伎舞台として作られているところ。普段は校舎として使い、必要な時は歌舞伎舞台になる。民俗芸能が盛んな南信州ならではの建築物で、こちらも他に例がない。

また、飯田城跡にある「桜丸《さくらまる》の夫婦桜」は、参勤交代の藩主夫妻が桜を愛《め》で、しばしの別れを惜しんだことから命名されたもの。飯田市内で一番古い桜といわれている樹齢・推定760年、鎌倉時代に清秀《せいしゅう》法印が植えたことから名づけられたのが「清秀桜」。旧遠州街道の供養塔のそばにあることが由来の「くよとの枝垂れ桜」も樹齢300年を数える。

この地の歴史、伝統文化もうかがえる長寿の桜たち。桜守（案内人）のツアーもあるので、地元の人ならではの解説を聞きながら巡るのもいい。

意外にも〝奇祭〟の宝庫と知る

今回、初めて「長野灯明まつり」に行ったけど、ライトアップされた善光寺と門前の灯明が幻想的でキレイだったね。

祭りといっても、しんしんと降る雪を背景に厳かな雰囲気が良かったな。一方で、諏訪の御柱祭みたいな激しい祭りもあるし、信州は祭りにも地域性がありそう。

諏訪は日本一の花火大会といわれる諏訪湖の花火大会も有名だし、どこか江戸っ子気質に通じるかも。あとね、南信州は阿南町に「祭り街道」ってあるほど祭りが盛んなんだって。国の重要無形民俗文化財に指定されている祭りも多いの。

博多とか「山笠」「どんたく」なんかで、いかにも〝祭り好き〟のイメージあるけど、シャイな印象の信州人も意外に祭りで盛り上がるんだな。

伝統を大事にする風土もあるのかな。

ココにも注目! 信州は打ち上げ花火の生産量日本一。安価な中国産の花火が台頭するなか、信州産は精巧さと精緻さが持ち味。諏訪湖祭湖上花火大会の水上スターマインは日本最高の水上花火といわれている。

眠い、煙い、寒い。

そんな三拍子揃った奇妙な祭りが行なわれている地がある。

南信州・飯田の遠山郷。８００年余りの歴史を持つ霜月《しもつき》祭りだ。

毎年12月、市内上村・南信濃の各神社で行なわれるもので、湯立神楽《ゆだてかぐら》といって釜に湯を立て神に捧げる日本に古く伝わる神事の一つだ。ここ飯田では祭りのクライマックスになると、仮面をつけたかぶり手が煙をあげる湯を素手ではねとばすという勇壮なスタイルで、無病息災を願う。

奇妙といっても、れっきとした神事なのだが、冬至の季節に夜を徹して実施されるため「眠い、煙い、寒い」というわけ。祭りを見に行くならば〝覚悟〟が必要だ。

さて、後にも触れるように、信州人というと「マジメ」「控え目」というイメージが強い。だが、実は意外にも血沸き肉躍る男前な祭りや変わった祭りが多く行なわれている。

全国的にもよく知られているのは、7年に一度開催され、日本の三大奇祭にも数えられる諏訪の式年造営御柱大祭、通称・**御柱祭**。こちらもれっきとした神事ながら、男たちをのせた御柱が坂を滑り降りる**「木落《きおと》し」**は、まさに命がけ。滑り降りる「木落し坂」は距離１００ｍ、最大傾斜35度。実際に現地に足を運び、上か

ら見下ろして思わず足がすくむ臨場感を味わいたい。

　飯田には霜月祭り以外にも、裸の男たちによる豪快な祭りがある。早春、天竜川で豊作などを祈願し馬や酒だるをかたどった神輿をかついで飛び込む「時又《ときまた》初午はだか祭り」と火花を浴びながら桶を振る7人の上半身裸の男が踊る「七久里《ななくり》神社裸祭り」だ。

　後者はしっかり桶を振って、火の粉を払わないとやけどをしてしまう。御柱祭に負けじと命がけだ。火の粉を振り払う＝厄を振り払うことに通じるといわれ、火の粉が飛び交う様がフォトジェニックな祭りとしてカメラ好きにも人気を集めている。

　一方、鳴り物を一切使わない静寂さが特徴ながら、３日間、夜を徹して踊り明かすという別の意味で〝迫力ある〟祭りが、阿南町の新野《にいの》の盆踊り。５００年以上の歴史を擁しながら、男女の合コンの場として発展してきたという意外すぎる成り立ちも妙に気になる。出会いを探している人には、なんだか御利益も期待できそうな〝奇祭〟だ。

　その他、静岡と長野の県境をかけて、飯田市南信濃と静岡県浜松市水窪町の商工会青年部が兵越峠《ひょうごし》で対決する「峠の国盗り綱引き合戦」など、笑える祭りも。勝ったほうが１ｍ県境を相手方に移動できるというお祭り上のルールで、信州軍は２０１９年時点で17勝14敗。

はたして「太平洋をとるか、諏訪湖をとられるか」。当初は親睦をはかる行事として1987年にスタートしたが、現在はユニークな町おこしとして注目を集める。

祭りやイベントの奇抜さで、他エリアを圧倒する南信は、人形浄瑠璃や獅子舞などの古典芸能が残っているのも特徴だ。関西との交流が深く、工芸や人形浄瑠璃が盛んだった上方の文化が伝わったのがその一因だという。

さらに谷深く、隔絶された農村地帯では娯楽も少なく、独特の地形から伝統が廃れず継承されてきたのも理由に挙げられる。

飯田では人形劇も盛ん。年一回、国内最大級の人形劇イベント「いいだ人形劇フェスタ」も開催され、世界中から著名な人形劇団が集結する。

後にも触れるように、27年、飯田にはリニアもやってくる。首都圏あたりで慌ただしい日常に疲れたら、ふらりとリニアに乗り込み、個性的な祭りで神様のエネルギーをチャージするのもいい。

「星空を売る！」成功の背景を探る

最近、関東からバスで行く星空ツアーが人気で、とくに信州に若い人たちが詰めかけてるんだって。

星なんてどこでも見られそうだけど。

ただの天体観測じゃないの。例えば、阿智村はスキー場のロープウェイで標高1400m地点まで行って星空を見るツアーをやってるんだけど、ガイドの星座の解説だけじゃなくて映像と音楽が楽しめたり、お笑いショーもあったりと趣向が凝ってるの。人口7000人弱の村に今や年間10万人が来るらしいよ。

へー。信州はせっかくいいモノがあってもアピール下手だっていう話をよく聞いたけど、これは成功事例だね。

村おこしに向けて、一致団結する仕組み作りもうまくいったみたいね。

ココにも注目! 信州は野辺山の国立天文台など日本で最も多くの天文研究施設があり、プラネタリウムも県内11か所。全国有数の「宇宙県」でもある。油井宇宙飛行士の出身地も川上村。南牧村も天文学者が選ぶ「日本三選星名所」に認定。

今や「日本一の星空ナイトツアー」で、全国的にその名を知られるようになった阿智《あち》村。ツアーの企画・実施を運営する「スタービレッジ阿智誘客促進協議会」のホームページをのぞくと、季節ごとのスペシャルイベントや大企業とのコラボグッズの情報など、アグレッシブな情報が並ぶ。日本の多くの地方同様に、高齢化、過疎化による経済衰退に瀕していた村とはとても思えない。

2006年、環境省認定の「日本一星が輝いて見える場所」第1位に選定。さらに元々、村に昼神《ひるがみ》温泉という観光地があり、星空と温泉を掛け合わせたプランで誘客できたというアドバンテージはあったものの、それだけで年10万人もの人を呼び込むことはまず無理だ。

同村のチャレンジを綴ったビジネス小説『そうだ、星を売ろう』を読むと、その成功の秘密が見えてくる。温泉などの旧来の観光資源ではない唯一無二のキラーコンテンツ「日本一の星空」に焦点を当てたこと。さらに、継続的な事業として続けられるよう協議会を組織し、自治体や特定の会社だけでなく、広く村内の意見、旅行会社など外部の知見も取り入れ、村総出でブランディングを進めていったことも大きい。

内部の人にとっては当たり前の〝日常〟も、外部から見ると〝非日常〟の原石になりうる。観光や町おこし以外の仕事のあり方を考える上でも、参考にしたい視点がそこにある。

"猫校長"に会いに行く

なに見てんの？　レイコが動物の動画なんて珍しいな。猫？

ただの猫じゃないの。校長先生なの。

へっ？　なんだそりゃ？

遠山郷で廃校になった小学校の木造校舎をそっくり残して、地元の人と観光客の交流の場にしてるんだけど、おもしろいのは猫が校長なんだ。動画を見たら、すごく人懐っこくて。猫に会うために遠方からわざわざ来る人もいるって。

前に地方のローカル線でも猫の駅長が話題になったよね。

動物パワーもあるけど、地元の人がこの場をちゃんと守ってるのも大きいよね。

こういう取り組みはオレもいいと思う。ただ正直、猫は苦手なんだよな……。

えーっ、そのオチ？

ココにも注目!　白馬には全国初の猫カフェ併設の旅館という「別邸　ねこ処みなみ家」もある。また、旧木沢小学校では猫校長に加えて、犬のハチが新たに教頭に赴任。犬派にも楽しみが増えた!

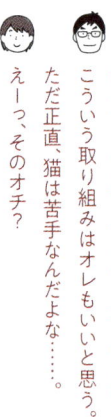

赤い屋根、木造の壁に白い窓枠の建物。１９３２年に建てられ、２０００年に廃校となった飯田市南信濃の旧木沢小学校。普通ならば取り壊されるところだが、卒業生の有志らで組織された「木沢地区活性化推進協議会」により保存。地元の人と県外から訪れる人との交流スペースとしても活用されている。

校舎内は、当時のまま職員室、教室の木の机、椅子、教室後ろの展示物まで残され、昭和世代にはなつかしさ満点。音楽室には全国から送られてくるという古いピアノがきちんと修理され、置かれているのもいい。

そしてこの場の〝責任者〟、かつ人気アイドルが猫のたかね校長だ。

子猫の時に捨てられていたのを地元で保護。元の飼い主が引っ越したのを機に校舎に住みついたため、みんなで世話しているうちに、校長に〝出世〟したというわけだ。

校舎内には専用の住宅（猫つぐら）も用意。遠方からペットフードを持って猫校長に会いに来たり、エサ代にと寄附したり、遺産分与を考えたりしている人もいるとか⁉

全国各地、少子高齢化で廃校となる学校は増えている。あえて〝そのまま〟を残し、町おこしの拠点と成長した旧木沢小学校。無論、そんなことはあずかりしらぬとばかり、マイペースのたかね校長。ふらっと、ほっこり癒されに行きたい。

走る村! 売木村でフルマラソン

今回、初めて南信州に行ったけど、印象的だったのは信州最南端の売木村。

ああ、県外から20代で地域おこし協力隊として移住してきて、村役場で働いている女性がいたね。なかなかパワフルだったな。

彼女が来て、村民のIターン者率が3割超えたってすごくない? 外から来た少数派の人間の存在が過疎の村を大きく変えることがあるんだね。

若い夫婦やシングルマザーの移住で、子どもの数が増えてるって言ってたけど、都会は保育園不足だし育児で孤独にもなりやすい。地方移住は一つの選択肢かも。

村専属のマラソンランナーを呼んで、スポーツを通じた村おこしも進めてるみたい。

マラソン……は、オレはいいや。

この〝ずく〟なしめ!

ココにも注目! 同村内の「TAKARAヤギ牧場」。2014年、福井県に住んでいた後藤宝さんが売木村を気に入り、村からの誘いもあってヤギ27頭とともに家族で同村に移住。ヤギミルク、ヤギミルクソフトクリームなど特産品も誕生している。

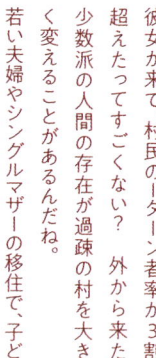

その数35村。信州は全国で最も多くの村を擁する地でもある。

平成の合併時に多くの自治体が合併に走るなか、独立独歩の道を選んだ村が多かったためで、独自の施策で村おこしを実践するケースも。阿智村と並び、売木《うるぎ》村もその一例だ。人口が県内で2番目に少ない村だが、村民の約34％をIターン者が占めるという。観光客を始めとする、いわゆる交流人口も増えており、人口は６００人弱ながら、その約5倍の３０００人超が、この小さな村を訪れている。

その背景には「走る村」を標榜した村を挙げてのプロジェクトと、村専属ランナーの存在がある。同村は標高１０００m級の山に囲まれた準高地。この環境を活かし、スポーツの練習や合宿を誘致し、村おこしをはかるプロジェクトが企画される。

実業団を経て、ウルトラマラソンに転向した重見高好さんが同村で合宿していたのを縁に村専属ランナーに。強力な広告塔を得て、10月には高低差から日本一苛酷なフルマラソンといわれる「うるぎトライアルRUN」を開催。多くのマラソンファンが集結する。

同村では４００mトラックを6本備えた競技場も誕生。実業団や大学運動部などの合宿だけでなく、ランナー愛好者の一人合宿にも対応する。マイペースで体力作りをしたい人も、まずは短期ステイでマラソンを通じて地元との交流を深めるのもいい。

たび活×住み活 39

ぴんころ地蔵で〝信州医療事情〟を考える

信州って、男女とも長生きなのに加えて高齢者の就業率が日本一なんだって。75歳以上の後期高齢者の医療費も低いの。

それ理想的だな。

うん。で、ここが健康長寿の里として知られる佐久市のぴんころ地蔵。

本当に御利益あるのかな……あれっ、この飲食店「ぴんころ定食」ってあるぞ。コレ食べたらコロッと逝けるとか（笑）。

それ、ちょっと営業妨害トーク（苦笑）。まあ、冗談はさておき、2人とも定年のない自営業だし、なるべく元気で長く働きたいものだね。

そのためにもこのシリーズ本、死ぬまで続けてガンガン売ってくぞ！

そう来たか……。

ココにも注目! 信州は公民館の数が全国1位で多い。自治体任せにするのではなく、自分の住む場所は自分で守る。公民館などを拠点に地方自治のあり方を協議しながら、健康増進への取り組みも実践されている。

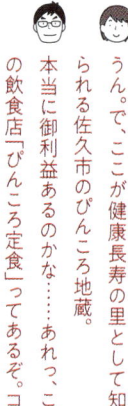

男性が全国2位、女性は1位と長寿県に加え、高齢者就業率が男性41・6％、女性が21・6％（2017年）と全国トップの信州。そのうち定年のない農業などの第一次産業の従事者が過半数を占め、健康寿命も1位（厚生労働科学研究）と元気なシニアが多い。死ぬまで元気にピンピン働き、生活を楽しみ、逝くときはコロッと逝く。みなが憧れる、そんな信州終活スタイルにあやかろうと、全国からシニアが訪れるお地蔵様がある。

高森町のピンピンコロリ地蔵と呼ばれる光明功徳佛《こうみょうくどくぶつ》だ。

同町では「健康で長生きし、あっさり大往生したい」という町民の声から、「ＰＰＫ（ピンピンコロリ）運動」がスタート。その成果が日本体育学会に提唱され、理想的な終活として広まった。

同じく予防医療に力を入れ、信州の中でも健康長寿を代表する地域の一つとされる佐久市にも成田山参道にぴんころ地蔵がある。毎月第二土曜日は地元の特産品が並ぶ山門市が開かれるとあって、関東圏からもシニアが団体ツアーで詰めかける。

もちろん、いくら地蔵があるからといって、神頼みで〝ピンコロ〟を実現しているわけではない。

実は16年の厚生労働省のデータによると、都道府県別の10万人当たりの医師数は、全国

平均約２４０人に対し、信州は県全体で約２２６人。全国30位と平均を下回る。病院の数も同様に全国30位。そこには山々に囲まれ、医療施設が必ずしも充実していない山間の村が多い地理的条件も影響している。

だが、一方で後期高齢者医療費、病床利用率、平均在院日数の低さは全国トップクラス。「自分のことは自分たちでやる」という住民自治が盛んな風土をベースに、次に挙げるような３つの要因が影響している。

一つが食生活改善への取り組みだ。現在、長野県人の野菜摂取量は男女ともに日本一を誇るが、かつて、この地では塩分の摂取量が多く、脳卒中の死亡者が多かった。

そこで草の根的に進められたのが、味噌汁に入れる野菜の量を増やす具だくさん作戦だ。具が増えることで汁の量が減り、減塩が実現。野菜の食物繊維の効果で、中性脂肪やコレステロールの排出も促進され、がんの発症率が減少したという。

二つ目はこうした取り組みを推進する保健指導員の存在だ。地域の健康増進のために、健康学習や実地研修を受けた住民がなるもので、須坂市が発祥の地。県のほぼ全市町村に組織されている。三つ目には積雪や山谷が多いという厳しい自然下、自身で体を動かし環境に対峙していく習慣が身に付いていったであろう点も挙げられる。

保健指導に加え、地域に根付く病院が地域医療への取り組みを積極的に進めてきたことも大きい。例えば佐久市は佐久総合病院の若月俊一医師を中心に、地元の農家の人々向けに出張診療や検診などを推進。茅野市の諏訪中央病院でも鎌田實医師らが〝開かれた病院〟を目指し、地域住民向けに「ほろ酔い勉強会」を開催。健康問題への啓蒙活動を進めるとともに、信頼関係を築いてきた。

心身の健康は人とのつながりによっても左右される。移住先や第二の居場所を探すなら、地域活動のあり方や人間関係を育むインフラにも注目したい。

街道をゆく──、町並みの歴史を思う

木曽路の古い町並み、ヨソ者からしたらスゴくイイけど、生活しながら町の景観を守っていくのって大変だよねー。

でもさ、さっき行った資料館の人が解説してくれたけど、国の重要伝統的建造物群保存地区に指定されれば、家の修繕に国から補助も出るんでしょ。景観を維持するのは通りに面した外壁だけでいいみたいだし、お金がもらえて家の修繕ができるなら案外悪くないんじゃないかなって思ったりするけど？

またまたー。木造建築は冬は絶対寒いし、それに近所にコンビニ、大型スーパーだって景観を守るために建てられないんだから。キミ、コンビニなくて生きていける？

いや、ムリ（キッパリ）。さっきの発言、撤回！　スミマセン！

ココにも注目!　外国人向けガイドブック『ロンリープラネットJapan』のTOP25に「木曽谷中山道の妻籠〜馬篭ハイキング」がランクイン。ここを訪れる外国人のハイカーは2018年度で3万人超と急増している。

「木曽路はすべて山の中である。」

島崎藤村が『夜明け前』でそう記すように、山々に囲まれ、信州の他のエリアとは違う独特の雰囲気、文化を擁するのが木曽エリアだ。そのなかでも、国内外の多くの観光客を集めるのが、江戸時代の風情漂う町並みが今もそのまま残る中山道・木曽路の宿場町。

実は、中山道42番目の宿場である南木曽町の妻籠《つまご》宿は、全国で初めて国の重要伝統的建造物群保存地区の指定を受けたエリア。全国の古い町並み保存運動の先駆け的存在だ。

住民の草の根的活動により集落保存事業がスタートし、過疎化が進む妻籠をどうにかしようと一致団結。妻籠の価値は、この景観と歴史にあるという考えから、家や土地、山も畑も「売らない、貸さない、壊さない」というスローガンのもと、町を守ってきた。その後、同じく木曽路の宿場町では、塩尻の奈良井宿も重要伝統的建造物群保存地区に認定。生活を営みながら、古い町並みを維持している。

ところで、信州といえば味噌が名物だ。江戸時代よりスタミナ食として豆腐の味噌汁が盛んに食べられてきたが、宿場の旅籠でも味噌汁が旅人に提供されていたという。

特に寒い冬は温かい味噌汁は格別のごちそうだっただろう。古の長い旅路の苦労、寄り沿ってきた旧宿場町の歴史をたどりつつ、木曽川の流れに沿って街道を歩くのも興味深い。

長野オリンピックレガシーを巡る

ふなきー！

ちょ、ちょっと。突然、なに？

長野冬季オリンピックの白馬のジャンプ台見たら、叫ばずにはいられないだろ。原田が最終ジャンパーの船木に向けてつぶやいた「ふなきー！」。圧巻の逆転金メダル！　ドラマだったよなぁ。

確かに日本全国、ジャンプで盛り上がったね。私も会社でずっと見てた（笑）。

でも、あの時、実は悪天候で日本が4位のままで試合中断になりかけたんだよな。その時、活躍したのが日本のテストジャンパー。吹雪の中、日本のテストジャンパーたちが無事にジャンプに成功してくれたから、試合が再開されてメダルが獲れたんだよなぁ。うんうん。

いつにも増してトークが暑苦しいぞ…。

ココにも注目！　ユニークなデザインの聖火台、山をイメージしたM字型の屋根が特徴のスピードスケート会場だった「エムウェーブ」、敷地内のエンブレム、併設された「長野オリンピックミュージアム」など、この地のなつかしい五輪スポットは数多い。

２０２０年の東京五輪・パラリンピックが目前に迫るなか、この地で冬季オリンピックが開催されたのは20年超前。だが、あの時の〝熱気〟を鮮明に覚えている人も多いだろう。

金メダルが期待されたスキージャンプ団体競技は、岡部孝信、斎藤浩哉、原田雅彦、船木和喜で構成。最強メンバーといわれ、メダルが期待されつつも、全チームの１本目が終わった時点で、日本は４位。悪天候下、試合中止もささやかれる。だが、そこで試合続行の判断材料として運命を託された日本の25名のテストジャンパーが、最悪のコンディションのなか、無事ジャンプを成功。試合は再開され、２回目のジャンプでは原田も最後のジャンパー船木も、K点越えの大ジャンプに成功。逆転劇に日本中が沸いた。

その後、世界中のスキーヤーが集まる〝世界の白馬〟となったのには、五輪の効果が大きいが、それだけではない。白馬では国内のウインタースポーツ人口の減少傾向を見て、いち早くインバウンド強化にシフト。日本政府観光局や新潟県などと手を組み、オーストラリアでも商談を実践。カード１枚で各スキー場のリフトやバスが乗れるシステムやホテルと飲食店を結ぶナイトシャトルバスも先駆けて導入したという。

白馬・八方の「白馬・山とスキーの総合資料館」には、オリンピック当時の貴重な写真や展示、山とスキーと共に暮らしてきた白馬村の歴史的資料が揃う。ぜひ立ち寄りたい。

細かい！信州ごみ出しルールをマスター

信州って、1人当たりのごみ排出量が全国で一番少ないんだって。

また地味なネタだな。でも、オレ、20代のころからエコを意識してたから、エコにはうるさいよ。

そういや結婚した時、ごみの出し方でずいぶん怒られたっけ。

レイコは雑なんだよ。そんなことじゃ信州に住めないぞ。

雑なのは認める……。信州は県や市町村を挙げてごみや食べ残しの削減などに取り組んでるらしいけど、4年連続1位を維持してるって。県民の意識も高いよね。ごみ出しルールも細かいらしいよ。

オレは大丈夫。エコの先駆けだし。

（自信満々ぶりが、なんか腹立つわ…）。

ココにも注目!　県では現状に飽き足らず、2020年度に「1人1日当たりのごみ排出量795g」達成を掲げている。「達成まであとミニトマト1個分」と、県民への啓蒙活動にも余念がない!

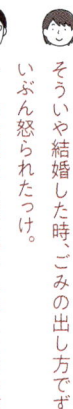

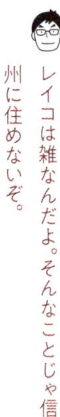

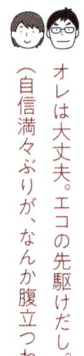

実は、信州はごみ削減に早期から取り組んでいるエコ先端エリアでもある。

1人1日当たりのごみ排出量は、全国平均920gに対し、信州は817g（2017年度）。4年連続で1位をキープし、年々廃棄量を減らし続けているというからスゴい。

無論、最初からゴミなしナンバーワンだったわけではない。2007年度は全国7位。そこから県の旗振りで、市町村ごとに独自でごみ減量推進事業を展開。今、問題となっている食品ロスについては、松本市を発祥とする「残さず食べよう！ 30・10運動」（宴会の最初の30分と最後の10分は自分の席で料理を楽しむ）を提唱。信州人特有の奥ゆかしさとされてきた慣習「信州の一つ残し（大皿料理で最後の1個を残す暗黙のルール）」についても、「もったいない」とポスターなどで啓蒙し、成果を上げている。

信州のごみ減量に関する情報発信専用サイト「信州ごみげんねっと」を見ると、この地では家庭用ごみであっても、排出抑制のため指定の有料の袋を使ったり、堆肥化するため草専用ごみ袋が配布されたりと、ごみ袋に関しても地域ごとにさまざまなルールがある。

その他、プラスチック容器一つとっても、「柔かいものは可燃」「硬いものは不燃」「中に入っている食品は可燃なので、別にして洗って出す」など細かい。守らないと回収車がごみを持って行ってくれないので、新参者はまずはルールを頭に叩き込むべし！

リニア開通後の信州を考える

南信州の飯田って、電車組のオレらからはちょっと遠すぎて、大変だったよな。

まあ、私たちは豊橋から飯田線で行ったからだけどね。

「あずさ」でも5時間超かかるしなあ。

新宿からバスも出てるみたいよ。それでも4時間ぐらいかかるけど。

4時間も結構長いよなあ。

でも、2027年にはなんとリニアが飯田に来る！　これはビッグニュース！

へー、東京じゃそんなに話題になってないよな。そもそもリニアが来たって飯田は通過されるだけだったりして？

そんな意地悪いこと言って。東京から見て〝遠い国〟だった南信州に、1時間弱で行けるんだから。地元でも東京の企業や自治体との連携を進めてるみたいよ。

ココにも注目！　新宿―松本を結ぶ中央線「あずさ」も、新型E353系が登場。「空気ばね式」という車体傾斜方式を採用することで、左右の揺れが抑えられたという。以前に比べて乗り心地もかなりアップした！

２０２０年の東京五輪・パラリンピック、25年の大阪万博など、各地でさまざまなイベントが控えるなか、この地、南信州にも27年、スゴいヤツがやってくる。

東京と名古屋の間を結ぶリニア中央新幹線だ（37年には大阪まで開通予定）。最高時速はなんと５００キロで、現在の東海道新幹線の2倍近いという、もはやわけのわからないスピード感。６つの駅が作られるなか、信州は飯田市に駅ができ、東京―飯田間は約45分で到着。これまで最速で約4時間かかっていたのが4分の1以下になる。

長野市などと比べて、関東圏からは〝遠い存在〟だった飯田だが、〝ご近所さん〟になるわけだ。目下、工事は進行中。19年には難工事区間の南アルプストンネル静岡工区の着工を進め、営業車両の仕様を決めるための改良型試験車が、20年春に完成予定だ。

新駅は現在の飯田駅から少し離れた場所に設置予定で、どの程度の経済効果が飯田エリアにもたらされるかは未知数だが、地元の期待は大きい。既に市や民間レベルでも、品川駅近隣などの自治体や企業との交流活動が進められている。

リニア以外にも飯田と静岡県浜松市を結ぶ「三遠南信自動車道」も開通する。長野市などの北信からは依然〝遠い〟ものの、東京、愛知、静岡といった県外勢と一挙に近くなることで、南信はどう変わるか。住民ともども、その行方に注目したい。

たび活×住み活 44

「信濃の国」は1番ぐらいはたしなみとしてマスター

宴会や式典などでの〝あるある〟って色々あるよね。博多だと三本締めじゃなくて博多一本締めだとか、北海道だと宴会の締めに再度「かんぱーい!」をするとか、沖縄だとカチャーシーを踊るとか。

で、信州は?

「県歌」を歌うんだって。

県歌? そんなのあるの?

まあ、ダサイタマにはないだろうけど、横浜だと横浜市歌なんかもあって歌えるハマッ子も多いよ。でも、信州の県歌の浸透度は断トツで、約8割の地元っ子が歌えるんだって。

地域ごとにまとまりがないと思ってたら、その気になればできるじゃん。

ダサイタマ人が、また上から目線!

ココにも注目! 県人会などでは、「信濃の国」の合唱に加えて、全員でシメに万歳三唱をするという慣習も。まとまりがないようで、最後にシメるところはシメるのが律儀な信州人なのだ。

県が実施したアンケートによると、地元に住む信州っ子の約8割が歌えると答えたとか。多様性に富む信州にあって、唯一といってもいいであろう〝共有トピック〟が長野県歌「信濃の国」だ。

学校や職場の式典、成人式や各地の県人会のフィナーレに歌われ、時に結婚式、飲み会の2次会のカラオケでも歌われたりする。まさにソウルミュージックなのだ。

県庁にも「信濃の国」の歌碑があるほど、ポピュラーな存在だが、こうした歌が誕生した背景には、北の長野県と南の筑摩県の合併後、根強く残っていた南北のしこりを解消する目的があったといわれている。

作詞をしたのは長野県師範学校教諭の浅井洌《れつ》さん。1948年、分県論が再燃し、本会議を分県案が通過しそうになった際、傍聴席から「信濃の国」の合唱が沸き起こる。その勢いに押され、分県派の議員は分県案を断念したという。

また、歌詞は県内全域の地理地形、山河、産業、名所、偉人をカバー。信州全エリアに配慮した歌詞になっており、非信州人もこれを覚えれば県全体の概要をつかめる。

6番まであり、すべてを覚えるのはムリとしても、たしなみとして1番ぐらいは覚えておきたい。地元っ子との会話もはずむはずだ。

理屈っぽい!?
議論好きな信州人とのつき合い方を学ぶ

信州人って、県民性として理屈っぽい、議論好きっていわれるらしいよ。

「あうんの呼吸」とか「空気を読む」のが好きな日本人では珍しいかもな。そういや池上彰とか猪瀬直樹も信州出身だっけ？

そうそう、理屈っぽいというか理論派よね。映画人、監督なんかも議論好きが多いって、映画評論家の人が書いてた。

でも確かに、ヘタな映画とかドラマだと、途中でストーリーのツジツマが合わなくってイラッとするものがあるけど、軸がブレない理論派の信州人は監督や脚本家なんかにも向いているかも。

さすがテレビっ子。キミも十分、理屈っぽくて細かいから、映画は作れなくても信州人との議論には対抗できるかも。

ココにも注目! 信州では強烈な方言や訛りはあまり聞かれない。だが、南信で使われている語尾表現が「だもんで」や「だに」「なんだに」。地理的にも身近な静岡や名古屋の方言にも通じる、ほんわかモードの方言を耳にすることができる。

「雄弁家が多い？　長野県出身の映画人たち」。
Webマガジンの「WEDGE Infinity（ウェッジ インフィニティ）」に、そんなタイトルの興味深い記事を見つけた。執筆者は日本を代表する映画評論家の佐藤忠男さん。記事によると佐藤さんは、自身の郷土である新潟と隣の信州の両県にまたがる仕事をしているうちに、信州人は新潟人より概して雄弁であるという印象を持ったという。

映画人を例に挙げると、『人間の条件』などリアリズム系の映画の名手として知られる宮島義勇《よしお》さん（上高井郡出身）は気迫あふれる議論で有名な人物だったとか。また、本書でも何度か紹介した熊井啓監督も議論では決してひるまない人物で、佐久市出身の崔洋一さんも、緻密な議論の末、映画製作を進める人だという。

確かに地元っ子と話していて感じるのは、「信州人の一つ残し」にも表れるように控えめなようで、自身のブレない軸を持っていることだ。

相手の話は礼を尽くして聞くが、自身が正しいと思ったことは貫く。「違う」と思ったことは、安易に相手の意見に同意してうなずくようなことはなく、きっぱりと「そうじゃなくて」と自身の意見を述べる。細かいポイントまで正確性を期する。

そのため数人集まれば、しゃんしゃんとすぐ結論が出ることはなく、議論が延々続く。

なかなか出口が見えないことに、せっかちな県外人は収拾のつかなさに若干、メンドーに感じることもあるが、決して言い争ったり、相手を打ち負かしたりしたいという好戦的な人間なわけではない。差異を認め合い、議論を尽くすことがこの地の正しい人間関係のあり方なのだろう。

その背景には、歴史的に見ても、周囲の大国の攻勢を受けつつ、我が領土、文化を守っていかねばならなかった経緯がある。あの真田氏が策士といわれたゆえんだ。

独特の地形から、エリアごとに文化や風習、言葉が異なり、〝違う〟ことが当たり前という大前提のもと、それぞれの地に誇りを持ってきたことも影響していそうだ。

また、傾斜地を切り拓いて畑を作ってきた経緯から、この地は小規模農家が多い。助け合いつつ、切磋琢磨しあってきたことも、芯の強い信州DNAを育んできたのだろう。

先に信州の方言「ずく」を挙げたが、「ずく」は、自分ならではの芯、しっかりとした〝軸〟がなければ発揮できない。

あっさりと踏み込み過ぎない淡泊な人間関係が良しとされる時代にあって、控えめなようで、決して後には引かない〝骨太さ〟も信州人の共通項なのだ。

飯田・タクシーで
そういえば
前にタビスミで行った鹿児島に比べてあんまり方言聞かないよな
アクセントも割と普通だしね
お客さん今日はぬくといけど天竜峡はまだ桜の季節じゃないだにぃ
はい 領収書
だに……?
南信州の人ってだにーってよく使うんですか?
あっ!
お客さん商売だから標準語を使わなきゃやって言われるんだに
ハハハ
でも気づいたら使ってしまうんだに!
飯田はいいとこだにまたおいでなんし
ありがとう〜
使っちゃいけないと言いながら使ってるんだに(笑)
信州にあって大らかな南信州っ子

＊ぬくとい=暖かい・温かい、おいでなんし=いらしてください

ドイツを目指す!?
エネルギー先進国の
取り組みを知る

信州って町なかを歩いてて、家の屋根とか空き地に太陽光発電のソーラーパネルをよく見かけるよね。

飯田とか佐久でよく見たような。晴天率が高いのも影響しているんだろうな。

うん、信州って全国でもエネルギー自給率が高くて約88%だって。太陽光だけじゃなくて、農業用水などを使った小水力発電も多く実施されているらしいよ。

そうなんだ。

地方自治が盛んなのとか、冬が寒くてエネルギー消費が多いとかで、自治体のなかでも取り組みが早かったんだって。目標は環境先進国のドイツを目指すってスゴっ！

信州、さすが意識高い系ネタが多いなあ。

ココにも注目!　各地で行われるエネルギー施策の中でも、飯田では2004年、先駆けて市民出資による「南信州おひさまファンド」が発足。市民や事業者、行政が協働し、エネルギーの地産地消に向けて取り組みを進めている。

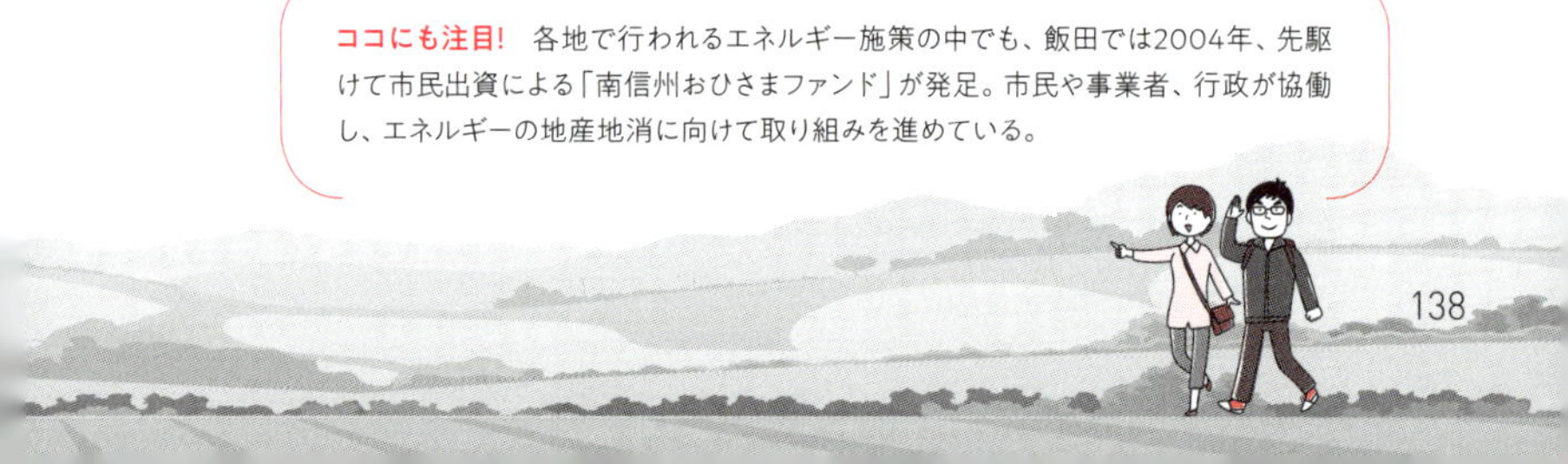

豊富な水力や日射条件に優れた太陽光など、自然エネルギー資源に恵まれている信州。このアドバンテージを活かし、県では２０１３年、「長野県環境エネルギー戦略」を策定。節電や省エネ、エネルギー自立地域創造に向けた取り組みが継続的に進められている。

信州だけでなく、昨今の環境問題などへの関心の高まりを受け、エネルギー施策を進めている自治体は数多いが、信州が他自治体と違う点がある。当初から地球温暖化対策に加え、「地域経済を活性化させる」というビジョンを掲げていたことだ。

信州は特に冬の寒さが厳しく、光熱費がかさみやすい。県民の所得は県と内閣府のデータによると全国平均をやや下回る水準で推移しており、今後の石油価格の動きによっても家計が圧迫されるリスクがある。

県では公共施設や民間施設の屋根を発電事業者に貸し、太陽光発電所を設置する「おひさまＢＵＮ・ＳＵＮメガソーラープロジェクト」を13年より稼働。

さらに産学民官の連携により事業をサポートし、各市町村内で資金が循環されるよう施策を進めている。

ドイツを目指すエネルギー戦略により小さな村、集落がどう経済的自立をはかっていくのか。資源のない日本において注目すべきモデルエリアとなるのか。行方を見守りたい。

シルクストーリー・満蒙開拓の歴史を知る

信州って、特に南部は羊肉を食べる文化が残っているけど、満州に開拓団として行った人やその子孫が、中国やモンゴル地域の食を伝えたのも影響してるんじゃないかな。

確かに、南信は日本で最大の満州移民を送り出したって本で読んだわ。

国策で「満蒙開拓団」として日本から30万人ぐらい大陸に渡ったんだけど、ソ連の侵攻とか内部紛争とかで終戦後も戻れず、難民収容所で飢えと寒さでたくさんの人が亡くなったんだよなあ。

阿智村に資料館があって、今の上皇・上皇后陛下が私的旅行で訪問したって聞いたことがある。

意外に日本では知られていないけど、こういう歴史も押さえておかないとな。

ココにも注目! 信州のなかでも世界一の生糸の輸出量を誇り、「糸都」として栄えたのが岡谷。その激動の時代を伝える「岡谷蚕糸博物館」では、当時の貴重な繰糸機や働いていた工女さんの写真など、さまざまな展示を見ることができる。

「満州開拓殉難之碑」「満州開拓慰霊碑」といった碑を南信州を中心に、時折見かける。満蒙《まんもう》開拓とは、戦時中、中国東北部の旧満州に多くの日本人が入植した国策を指す。

実は、信州は全国最多の開拓民約3万3000人を送り出した地。当時、主産業だった養蚕・製糸業が不況に陥った経済的事情も影響しており、なかでも飯田や下伊那など南信州からの移民が多かったという。

ただし、ブラジルへの移民などがそうであったように、厳しい自然の中での開墾、敗戦、ソ連軍の参戦によるシベリア抑留などにより、彼の地は〝夢の国〟とはならなかった。帰国できたのは開拓団の3分の1余り。集団自決で自ら命を絶った人、厳しい収容所の生活からの逃避行の途中で家族を失い中国残留孤児になった人も。引き揚げて帰国できた人も、しばらくは各地の〝引揚者村〟で苦しい生活を強いられたという。

こうした陰惨な歴史を後世に伝えるための資料館として、2013年、阿智村に設立されたのが満蒙開拓平和記念館だ。今の上皇・上皇后も自ら足を運ばれたという。同開拓団についての資料が残る日本唯一の貴重な施設だ。

南信州、岡谷などはかつて養蚕業で栄え、諸外国との取引を通じ、好景気に沸いた時代もあった。この地に伝わる〝シルクストーリー〟と併せ、負の歴史も押さえておきたい。

隠れた トップシェアカンパニー を知る

もし移住するなら、仕事があるかどうかは大事だよな。セイコーエプソンぐらいしか有名企業のイメージがないけど。

確かにセイコーエプソンは県内の上場企業の中で、業績も平均年収も県内トップクラスだけど、それ以外にも精密系や航空部品とか研究開発型の製造業が多くあるの。隠れた優良企業もあって、諏訪にあるミクロ発條という会社はボールペンの先に入れる微細バネで世界ナンバーワン企業なんだって。

ちょっと地味!?

失礼ね!　コツコツ、堅実でマジメな県民性も製造業や研究開発に向いているのかも。大企業が生産・研究拠点を置くケースも多くて、技術者不足の今、現役世代のUターン希望者も狙い目かも。

オレもまだまだイケる!?

ココにも注目!　寒天でシェアナンバーワンの伊那食品工業は、会社敷地内に地元の食材を使ったレストランやショップを設置。年間35万人が訪れる観光スポットであるとともに、地元の人の憩いの場としても親しまれている。

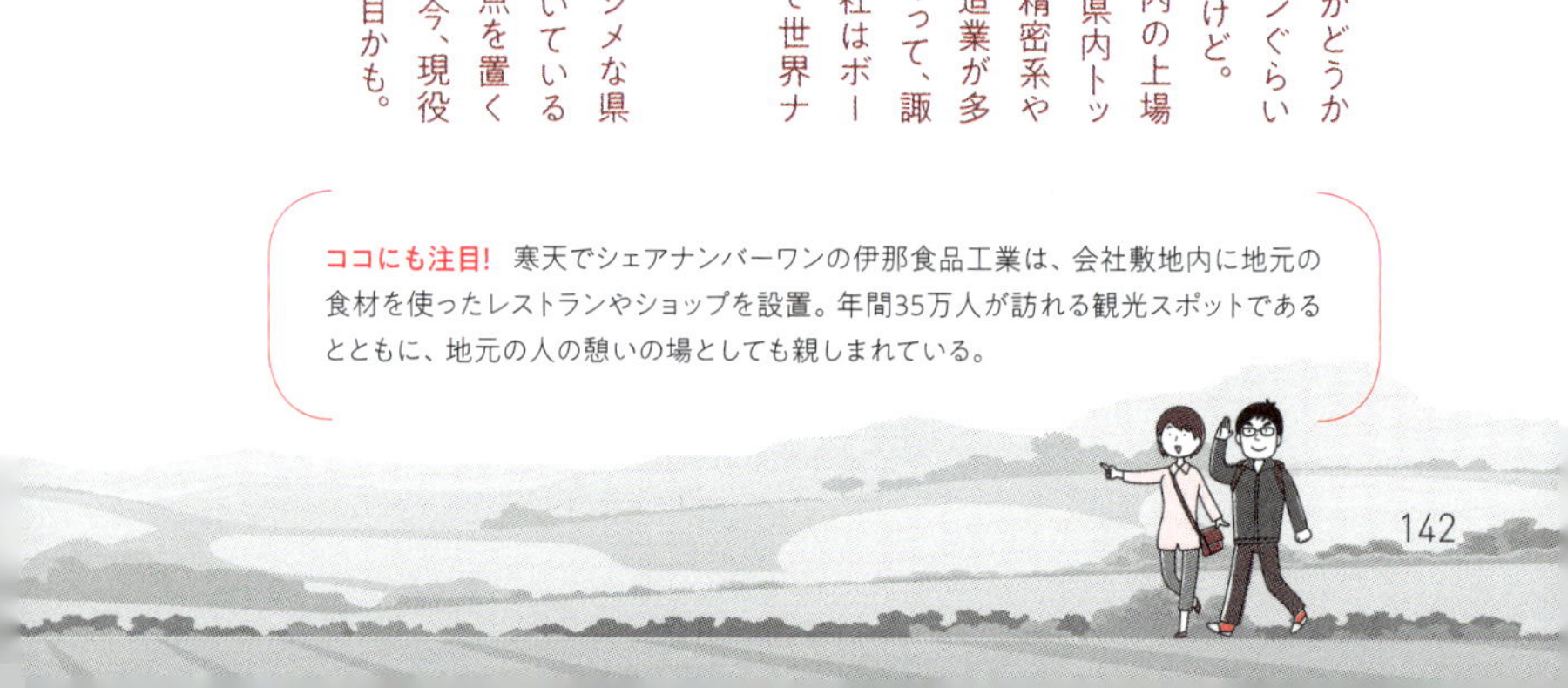

信州は高齢者就業率が全国1位なのに加え、全世代で見ても就業率約60％と全国2位。女性就業率も約50％で2位につけている。

では、どんな企業があるのか。県内の生産額でみると製造業が25％と最も多く、なかでも電子・精密関連、半導体、医薬品・医療機器関連などハイテクな〝ものづくり企業〟が目立つ。気になる年収水準や業績などを転職サイトやＹａｈｏｏ！ファイナンスなどで見ると、上場企業ではセイコーエプソンが上位。工作機械のシチズンマシナリー、半導体関連の真空ポンプ需要で伸びている樫山工業、電子機器部品のミネベアミツミなどが業績が堅調。スキー選手で知られる北野建設や、地元っ子御用達の八十二銀行も強い。

〝働きやすさ〟で有名な企業もある。例えば「かんてんパパ」で知られる寒天のガリバー企業・伊那食品工業は、木の年輪のように毎年少しずつ成長する「年輪経営」を掲げ、売上などの数値目標よりも、社員一人ひとりが能力を存分に発揮し、成長できることを優先に、多彩な福利厚生制度を整備している。

緑に囲まれる環境に会社を置き、未上場を貫くのも社員の幸せを第一に考えてだとか。それでいて48期（年）連続増収増益という実績を持つのだからすごい。

その他、きのこ栽培でトップのホクトなど隠れたトップシェア企業も実は多い地なのだ。

信州はなぜ移住希望者が多いかを探る

信州って、移住の人気県なんだろう?

そう、最近はあの柔道の篠原信一さんが安曇野に移住するって話題になったわ。

えー、テレビの企画じゃないの?

いやいや、ガチ。子育てがひと段落したら、自然が豊富な地に住みたいって、前から探してたんだって。広い家庭菜園付きの中古住宅を買ったらしいよ。

テレビのバラエティでもよく見るなあと思ってたら、儲かってたんだなあ。

またまたー。別荘じゃなくて「本気で根を張りたい」って宣言したみたいよ。

そこまで気に入るとは!

私も信州の移住セミナーに行ったけど、自然が最大の魅力かなあ。あと、移住の先輩たちが多くいて、受け入れ態勢が整ってるのも大きいんじゃないかな。

ココにも注目! 「住宅・土地統計調査(2013年)」によると、信州では通勤時間が30分以内の人の割合が7割超。持ち家率は73%。首都圏の1時間以上、満員電車に揺られて“痛勤”といった苦行とは無縁だ。車の渋滞はあるが……。

「四季がはっきりしていて空気も水もおいしい。安曇野に恋をしてしまった」。

柔道家でタレントの篠原信一さんはそう語り、安曇野に家を購入。自宅のある奈良からの本格移住を目指している。既に家族と共に訪れ、地元の人との交流を楽しんでいるとか。

さて、篠原さんが〝恋におちた〟ように、信州はさまざまな調査で理想の移住先として全国1～2位をキープ。県の調査によると、移住者数は年々増え続け、2017年で行政サポートを受けた人数だけでも1274人。特に首都圏から移り住む人々が増えている。

なぜこれほどに人気なのか。

まず一つが雄大な自然が身近にあること。しかも、地域によって満喫できる自然の形態がさまざまなのもいい。「冬山でウインタースポーツをしたい」なら北部、「登山を楽しむ」ならアルプスの近隣、「秘境感ある大自然に囲まれて暮らす」なら南信州と、自分が望む生活や気候に合わせて選べるのも信州の良さだ。

二つ目には交通の利便性の良さが挙げられる。首都圏や中京圏から200km圏内に位置し、新幹線や高速道路を使えばそう遠くない。飯田を中心とする南信エリアにはなんといっても27年にリニアが来るのが大きい。

三つ目には、場所によって〝そこそこ都会、そこそこ田舎〟な生活ができること。自然

が間近にありながら、生活インフラはひと通り揃い、軽井沢などのオシャレな街も近い。

　四つ目には、移住サポート体制が充実していること。自治体単位の制度もそうだが、民間レベルでも移住者向けの交流拠点やコワーキングスペースなどが増えている。自然が豊かで都心にも近い鎌倉がＩＴ事業者に注目され「カマコンバレー」などと呼ばれているように、信州にもクリエイターなどＩＴ事業者の移住が増えているとか。県ではこうしたＩＴ人材・会社向けのお試し移住制度「おためしナガノ」も実施している。

　最後に、移住の先輩たちが多いため、地域全体で〝移住者〟を歓迎する風土があることは大きい。ガチな移住でなくても、地元の人と関わりたいと交流スペースやゲストハウスを短期で訪れる若い人も増えている。

　東京など首都圏では人の数も多いため、やりがいや能力も埋もれがち。信州なら若くて（若くなくてもいいが）クリエイティブな人間も自由に立ち回り、おもしろいことができる時間的、空間的余白があるというのが地元の人たちの意見だ。

　信州には人の結びつきを示す概念、ソーシャル・キャピタルが豊かというデータもあり、地域ネットワークも密だ。この地に縁もゆかりもない人でも、アンテナを広げれば、きっと〝居場所〟が見つかるはず。多様性のある地は、いろんな人を受け入れる懐も深いのだ。

長野市あたりに移住となると…通勤は新幹線になるよな
東京まで1時間半くらいだから許容範囲だなっ
でもキミ気をつけないと飲み会多いでしょ？
？
金沢までねすごしちまったー!!
金沢
富山
糸魚川
長野
高崎
大宮
東京
7都県通過の約450キロ！
あっ…あぶねえ！ありうる…
カタ カタ カタ カタ
飲み会のときは「あさま」終電で帰ってこよ…
こりないな〜（笑）

〝松本走り〟とはなんぞや? を知る

最近、多発した交通事故の影響で〝松本走り〟が注目を集めているんだって。

なにそれ?

対向車線の直進車より右折車が優先っていうのが特徴みたい。地元の人曰く、対向車を邪魔しないタイミングで曲がれるなら、積極的に右折したほうが交通の流れも良くなるっていうけどね。車社会で交通渋滞が多いのも、色々と論争が起きる元凶なんだろうね。

あと、いくら信州が元気なシニアが多いといっても最近増えている高齢者運転の事故は、要注目かな。自動運転が早く普及すりゃいいけど。

加えて冬。積雪量に関係なく、道路が凍結することが多いっていうから、冬タイヤはマストで、運転には慣れが必要ね。

ココにも注目! 飯田市内には日本初のラウンドアバウト(環状交差点)がある。交差点の中央に円形地帯が設けられ、車両は円の周りの環状道路を一方向に通行するのがルール。信号なしで安全&エコな交差点として全国で導入が進んでいる。

たび活×住み活 51

のんびりローカル線で"三大車窓"を楽しむ

信州にも夜景の名所があるって知ってる?

夜景といえば、函館、横浜、神戸だろ。日本三大夜景っていうし。個人的には、横浜・みなとみらいの夜景は圧巻だったよなあ。

いやいや、そんなに派手さはないんだけど、"日本三大車窓"といって列車から眺める夜景が人気の場所があるの。姨捨(おばすて)っていうんだけど。

あの姨捨(うばすて)伝説の?

そう。高いビルのネオンじゃなくて、善光寺平に並ぶ民家の家の明かりが宝石みたいにふわーっと浮かび上がる感じが、また信州らしくていいのよね。

信州、渋い名所が多いなあ。

ココにも注目! 車窓から夜景を楽しむ特別列車「ナイトビュー姨捨」も運行。姨捨駅では地元の方による姨捨伝説の朗読会や味噌汁のふるまいも。姨捨駅はスイッチバックをする駅としてマニアに人気で、棚田の景色の美しさでも知られる。

シンマイはたしなみとして読む

レイコのお父さんって、鹿児島の地元紙の記者だったよね。信州でも全国紙より地元紙が強いのかな。

うん、信濃毎日新聞、略してシンマイ。県内でも50％超のシェアみたい。でも、松本とか安曇野、塩尻、木曽なんかでは「市民タイムス」っていうタブロイド紙が併読されていて、南信になると中日新聞の購読数が増えるの。

相変わらずメディアもエリア色が強いんだな。

南信はサッカーも松本山雅より名古屋グランパス、野球も中日ドラゴンズファンが増えてくるみたい。

じゃあ、スポーツ新聞も中日スポーツか。地元でスポーツの話をするなら相手のひいきチーム次第で注意が必要だな。

ココにも注目! 信州で根強い知名度を誇るご当地タレントが三四六さん。信州出身ではないが「ザ・駅前テレビ」などのローカル番組に出演し、この地では同じ読みのお笑いコンビ三四郎よりコッチが有名。奥さんはタレントの網浜直子さん。

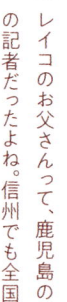

データ編

お試しもOK！ 信州に住んでみようかなと思ったら？

NPO法人「ふるさと回帰支援センター」や『田舎暮らしの本』（宝島社）などの調査による移住先ランキングで常に1、2位をキープしている信州。雄大な自然、きれいな水と空気、新鮮で美味しい野菜や果物、人情味あふれる人々、都会へのアクセスの良さなど、生活面でも魅力満載だ。移住先進エリアだけに「本格的に移住したい」人はもちろん、「お試しで働いてみたい」人に向けての制度やサポートも多く揃う。気になる就職支援、住居の探し方などを紹介していく。

ザックリつかもう！ 信州ってどんなとこ？

＜広さ＞

面積：約1万3562㎢（全国4位）
人口：約210万人
長さ：東西約120㎞、南北約212㎞
市町村の数：77（全国2位）そのうち村の数は35で全国1位

＜気候＞

・全体としては中央高地気候だが、北部は日本海側気候、南部は太平洋側気候の影響を受ける
・内陸・盆地特有の気候で夏と冬、朝と夜の気温差が大きい
・南北に長く、標高差もあるため地域によって気候特性が異なる
・冬は北部は雪の日が多く、中南部は空気が乾燥して晴れの日が多い

＜生活・医療＞

・県を挙げて健康づくりのための県民運動「信州ACEプロジェクト」を推進
・各地の保健指導員が健康増進をサポート
・ドクターヘリ２機を所有

資料：総務省統計局「平成27年国勢調査」、国土地理院「全国都道府県市区町村別面積調」、政府統計の総合窓口「e-Stat」、国土交通省「平成31年地価公示価格」
長野県の移住ポータルサイト「楽園信州」ほか、ブックレット『信州生活しあわせ移住計画』などを参考に作成しました。

さらに深掘り!
信州の10エリアの特徴をつかもう

「信州に住みたい」「信州で二拠点生活をしたい」と一口に言っても、エリアによって気候も違えば、交通の利便性、楽しめるレジャー、中心となる産業も異なる。“移住”や“関わり合い”を考える上で、10の広域に分け、その特徴をチェックしよう。

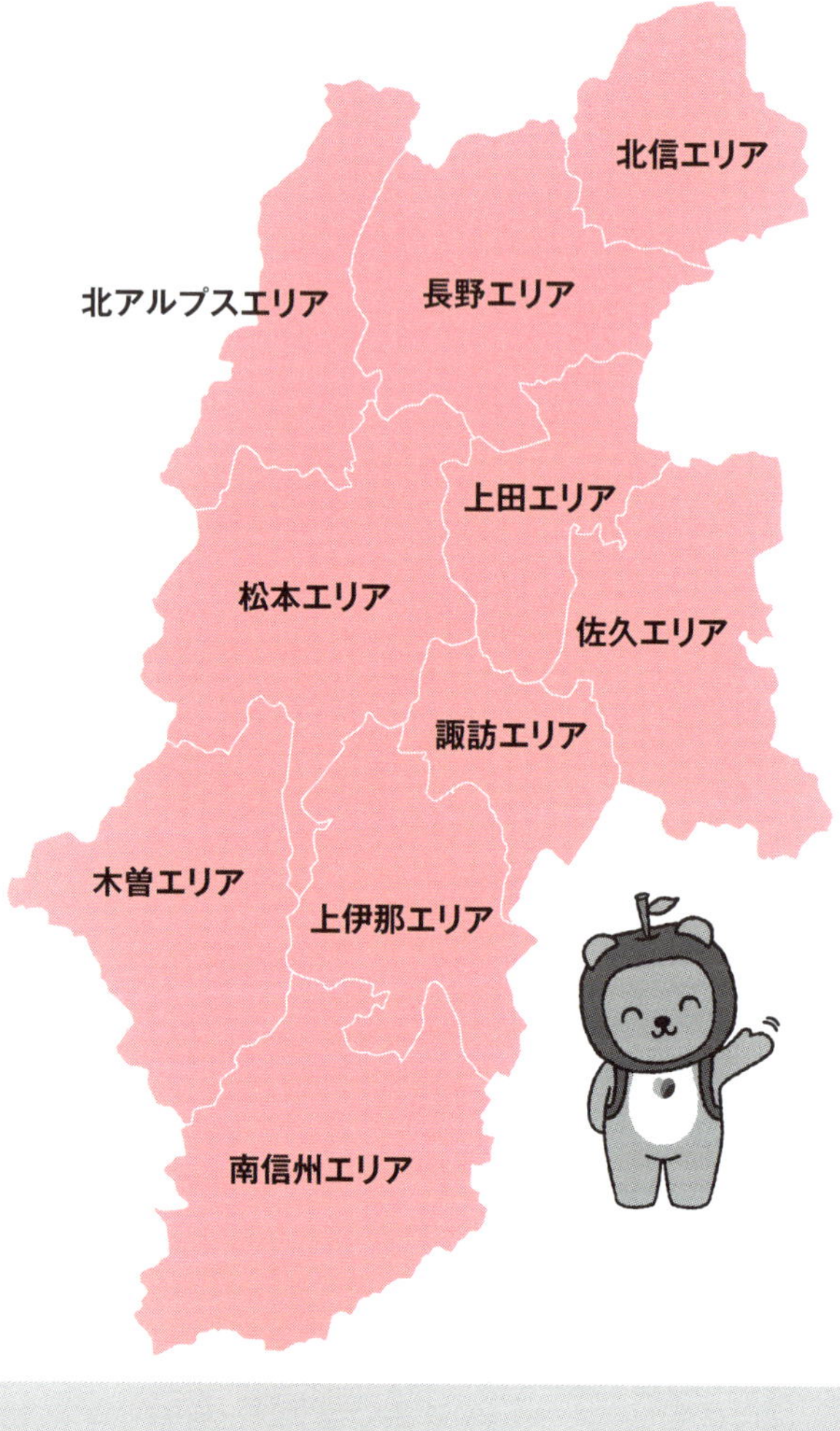
北信エリア
北アルプスエリア
長野エリア
上田エリア
松本エリア
佐久エリア
諏訪エリア
木曽エリア
上伊那エリア
南信州エリア

北アルプスエリア

県の北西部、北アルプスのふもとに位置し、全国有数の豪雪エリア。日本を代表するスキーリゾートエリアとして人気。農産物の加工販売が盛ん。ウインタースポーツを楽しみたい人にも最適。

松本エリア

北アルプスのふもとから県中央部に広がる。城下町の松本市、上高地や安曇野などの観光地、美術館も多い。製造業ほか特色ある農産物栽培も盛ん。文化やアート、登山を楽しみたい人にもいい。

木曽エリア

中央アルプス、御嶽山系に挟まれたエリア。山、美しい森林をバックに、木曽路では趣ある宿場町の古い町並みを堪能できる。漆器、染色、木工などの職人の技術、伝統を受け継ぐ産業が根付く。

上伊那エリア

南アルプスと中央アルプスの間を縫うように流れる天竜川流域に広がるエリア。伊那市のローメン、駒ヶ根市のソースかつ丼など、独自のグルメも多い。先端技術産業、農業生産が盛んで、伊那食品工業、養命酒駒ヶ根工場といったユニークな企業も位置する。

南信州エリア

県の南の玄関口・飯田を中心に、南部ならではの穏やかな気候、南アルプスを臨む雄大な自然に恵まれる。積雪は少ないが、山間部の冬は厳しい。食や伝統行事など独特の文化が残り、水引などの地場産業や農業ほか、先端技術産業も成長。

北信エリア

県北部に位置する全国有数の豪雪地帯。雪国の特性を活かし、ウインタースポーツや観光地として発展。温泉も豊富。新潟・日本海側の気候の影響を受け、冬季は寒い。自然豊かな田園風景が魅力。伝統的工芸品の地場産業に加え、果樹やきのこなどの栽培も盛ん。

長野エリア

県庁所在地である長野市を中心に、商業、行政機能が集まる。若手のベンチャー起業家も多い。首都圏からの交通の便、生活の利便性も高い一方、善光寺平を中心に、四方に美しい山並みに囲まれ、自然も満喫できる。製造業を中心に、農林業も発展。

上田エリア

県東部、千曲川中流部に位置し、地形、気候共に穏やかで、年間を通じて降水量が少なく、晴れの日が多い。真田氏ゆかりの上田城や神社仏閣など、歴史的遺産も豊富。観光リゾート産業や製造業ほか、高品質なワインの産地としても知られる。

佐久エリア

県の東の玄関口。北に浅間山、南に蓼科山、八ヶ岳を臨む。避暑地・軽井沢に代表される高原リゾートを楽しめる。高原野菜が有名でハイテク産業の集積も進んでいる。首都圏からのアクセスもいいが、軽井沢など標高が高いエリアは冬は寒い。

諏訪エリア

標高759mにある諏訪湖は県内最大の湖。その周囲に八ヶ岳、蓼科高原、霧ケ峰高原など自然環境も変化に富む。精密機械などハイテクな製造業が盛んで、研究型開発企業も多い。積雪は少ないが、冬季は寒い。

「信州に住んでみようかな?」と思ったら、まずはココへ!

・最新情報をキャッチするなら

移住ポータルサイト「楽園信州」をチェック

移住情報のほか、実際に移住した人の体験談を、ライフスタイル別に紹介。市町村の移住関連支援制度も検索で丸わかり。イベント情報も掲載。

・ざっくばらんに相談したい

長野県庁、三大都市圏に相談窓口が揃う。来訪する場合は、事前の予約がベター。

首都圏

▶ 銀座NAGANO 移住・交流センター

銀座のアンテナショップ「銀座NAGANO」が入るビルの4階。ハローワーク、転職支援業者、若者向け就職支援業者との連携により、一体的な相談を実施している。移住関連のイベントも多く行なわれている。

▶ NPO法人ふるさと回帰支援センター

有楽町の東京交通会館8階。長野県専用相談スペースで、移住・交流の相談に応じている。移住イベントも定期的に開催。

中京圏

▶ 名古屋移住・交流サポートデスク

長野県名古屋観光情報センター内に設置。

関西圏

▶ 大阪移住・交流サポートデスク

長野県大阪観光情報センター内に設置。

長野県

▶ 楽園信州・移住推進室

長野県庁7階に窓口がある。個別相談に対応。

・移住セミナー、相談会に参加する

三大都市圏を中心に、各市町村、民間事業者との連携により、セミナー・相談会を開催している。女性限定のセミナーや、仕事にフォーカスした相談会など、内容もさまざま。

詳しくは移住ポータルサイト「楽園信州」をチェックしよう。

信州に住みたい!
このサイトで情報を入手しよう

住宅地1㎡あたりの平均価格は東京都23区の約60万円に対し、県内で一番高い長野市で約7万円超(平成31年)。まずは賃貸やお試し住宅でスタートし、慣れてきたら古民家などをリフォームして住むのもいい。省エネ基準に合ったエコ住宅建設や諸条件に合った住宅リフォームには、助成金制度もある。

・県内の情報を網羅

「楽園信州空き家バンク」

長野県と長野県宅地建物取引業協会が運営する空き家のポータルサイト。利用者登録をすれば、こだわりの条件で県内の希望物件を一覧可能。自分の希望に合った空き家の情報をスピーディに入手できる。

・ピンポイントで探す

「市町村別空き家情報」

住みたい市町村が決まっているなら、ポータルサイト「楽園信州」の「住まい」のページで検索するのもいい。

・業界団体運営のサイト

「住一むず」

長野県内の不動産事業者の約8割が加盟。長野県宅地建物取引業協会が運営する住まい探しのポータルサイト。

・まずは、ちょい住みもOK

長野県移住お試し住宅

ポータルサイト「楽園信州」の「住まい」のページで移住お試し住宅や体験住宅の情報をチェックできる。詳しくは該当する各市町村の窓口へ。

○移住後の溶け込み支援制度も豊富に揃う

- 市町村ごとに「移住コンシェルジュ」を設置。自治会の加入、地域活動、交流会の案内などのサポートを実施している。
- エリアごとに移住者や二地域居住者同士のネットワークを構築するための交流会を開催。

○「楽園信州移住応援企業」からの特典もチェック

- 「楽園信州ファミリー」登録者に対し、県と民間事業者が連携し、移住前後に関わるサービスや特典を提要。

例) 長野県信用組合のローン優遇、駒ヶ根商工会議所の「商店街ポイントカード」申し込みに際し、プリペイドの特典をプレゼントなど(ローン優遇に際しては、条件、審査あり)。

就職先を探したい！
ココを検索・ココに相談！

HP上で登録すると求人情報が受け取れるサポートも。東京の長野県アンテナショップ「銀座NAGANO」にはハローワークも併設されている。

・登録制で情報を入手

「Iターン信州」登録制度

UIターン情報を提供するポータルサイト「Iターン信州」で、Iターン登録すると、メールで求人情報やセミナー情報を定期的に受け取ることができる。

・長野県専門の転職支援会社

「イーキュア」

転職支援を行なうエージェント。「銀座NAGANO」で転職セミナーや個別相談会を開催している。

・東京・銀座で気軽に職を探せる

「ハローワーク」（「銀座NAGANO」4階に併設）

求人情報検索端末で企業の求人情報を提供。スタッフが常駐し、職業相談、職業紹介、紹介状の発行を受けられる。

・医師として働くならば

「長野県ドクターバンク」（医師無料職業紹介）

県が実施する医師向けの無料職業紹介。UIターンを希望する県外の医師へ、登録制で希望に沿った医療機関を紹介してくれる。これまで約120人近くの就業をサポート。

・福祉系の仕事に就くならば

「長野県福祉人材センター」

長野県内の介護・福祉の求人情報サイト「信州福祉・介護のひろば」をチェック。保育士の求人も掲載。

・シニアにも活躍のチャンスあり

（公財）長野県長寿社会開発センター

シニアの社会参加を支援。シニア世代が培ってきた知識、経験を活かし、地域活動への参画などをサポートしている。県内10地域でシニア大学の運営、シニア活動推進コーディネーターによるハローワークやシルバー人材センター、起業支援機関などへの橋渡しなども行なっている。

起業・創業したい！ 新規で農業・林業に就きたい！ ならココをチェック

・起業を目指すならば

「ながの創業サポートオフィス」

創業に関してワンストップで創業前から創業後まで一貫してサポート。国、県、市町村の支援情報も提供。長野県中小企業振興センター内に窓口がある。

・二拠点生活＆おためしOK

「おためしナガノ」

信州での暮らし、仕事を考えているIT事業者向けのサポート制度。最大約6か月、コワーキングスペースの利用や住居の提供、引っ越し代、交通費などの補助が受けられる。期間中、ずっと住まなくても、東京などと行き来しながらでもOK。地元でのつながりづくりや、おためし終了後もサポートあり。

・農業が盛んなエリアならではのサポートが揃う

「長野県新規就農相談センター」

県の同センターでは定期的にセミナーや予約制の個別相談会を実施。「長野県農業担い手育成基金」で検索すると、相談会、求人情報などの情報が掲載。農業法人などへの就職に関する相談にも応じている。

・農業の基礎から学べる

「農ある暮らし入門研修」

将来、移住を考えている人、または既に移住した人向けの農業の体験型研修。窓口は長野県農業大学校研修部。「楽園信州」サイトで情報をチェックしよう。

・まずはサイトで情報を入手するならば

「デジタル農活信州」

就農の適性診断から、必要な知識や体験講座などの就農準備の情報をチェックできるウェブサイト。希望に合う就農地も検索できる。

・女性に特化したイベント情報も

「NAGANO農業女子」

就農を考えている女性向けのホームページ。体験談や体験講座、イベントなどの情報も豊富。登録制で、ホームページへの参加もできる。

・山の国で山とともに生きるならば

「長野県林業労働力確保支援センター」

一般財団法人長野県林業労働財団が運営。林業就業支援講習や共同就職説明会などを実施。

参考文献

『わたしのえほん』いわさきちひろ著（新日本出版社）
『ちひろと歩く信州』 安曇野ちひろ美術館編（新日本出版社）
『ウスケボーイズ　日本ワインの革命児たち』河合香織著（小学館）
『飯田線ものがたり　川村カネトがつないだレールに乗って』太田朋子・神川靖子著　（新評論）
『HELLO HAKUBA VELLEY』 岸野真希子編　（トランスワールドジャパン）
『私の信州物語』 熊井啓著（岩波現代文庫）
『長野「地理・地名・地図」の謎』原智子編　（実業之日本社）
『信州学　長野と松本のなぜ？』 市川正夫著　（一般社団法人信州教育出版社）
『知っておきたい長野県の日本一』加瀬清志著　（信濃毎日新聞社）
『ふるさと発見！信州あるある』 加瀬清志編著　（しなのき書房）
『井上靖全集　第五巻　短篇 5』 井上靖著　（新潮社）
『日常生活からひもとく信州』 長野県立歴史館編　（信濃毎日新聞社）
『信州の知恵に学ぶ　日本一の長寿ごはん』 横山タカ子著　（日東書院本社）
旅の手帖 MOOK『散歩の達人　信州』（交通新聞社）
『松本さんぽ』山本桂子編　（新まつもと物語プロジェクト）
『秘境駅の謎　なぜそこに駅がある!?　旅鉄 BOOKS』 旅と鉄道編集部編　（天夢人）
『そうだ、星を売ろう　「売れない時代」の新しいビジネスモデル』永井孝尚著　（KADOKAWA）
『「エネルギー自治」で地域再生！　飯田モデルに学ぶ』 諸富徹著　（岩波書店）
『続古き良き未来地図』企画・制作　オープンアトリエ「風の公園」（風の公園出版）
『信州幸せルール』 大沢玲子著　（KADOKAWA）
「ソトコト」2018 年 3 月号　（木楽舎）
飯田・下伊那　地域みっちゃく生活情報誌「Yuika2018 年 1 月号」(Yuika 編集室)
「ウェザーニュースタッチ」（ウェザーニューズ社）
WEB マガジン「WEDGE　Infinity（ウェッジ　インフィニティ）」（ウェッジ社）
「ソーシャルキャピタルの豊かさを生かした地域活性化」（滋賀大学・内閣府経済社会総合研究所共同研究）

データについては、長野県・各市町村ホームページ、
総務省統計局「家計調査」(2016 ～ 2018 年平均の 1 世帯当たり品目別年間支出金額及び購入数量」「住宅・土地統計調査」、環境省自然環境局「平成25年度都道府県別温泉利用状況調査」、「平成 27 年国勢調査」、厚生労働省「平成 27 年都道府県別生命表」「後期労働者医療事業年報」「医師・歯科医師・薬剤師調査」、文部科学省「社会教育調査」、長野県「2013 年度版　長野県の県民経済計算」「長野県の状況（しあわせ信州創造プラン 2・0 参考資料)」、「都道府県別統計とランキングで見る県民性」などを参照。
その他、信濃毎日新聞、全国紙、各自治体観光・移住パンフレット、企業ホームページなどを参考。長野県庁からも各種資料を提供いただきました。
その他、インタビューにご協力くださった多くの方々に感謝申し上げます。

あとがき

「かめばかむほど味が出る！〝スルメ県〟の信州に魅せられて――」

信州について本を書くのは、２０１５年に拙書『信州幸せルール』（ＫＡＤＯＫＡＷＡ）を出して2回目です。散々書いてきたように、信州は雄大な自然を始め、移住したい地№１に選ばれるのも納得の魅力満載！　ですが、すべてを理解するにはなかなか手ごわい相手です。どこから、どう切るかで、見せる顔はまったく違う。エリアによっても多様性ありすぎ！でも、だからこそおもしろい。海なし県なのに〝スルメ県〟というのもヘンですが、「かめばかむほど味が出る」のです。ここでご紹介したことはホンの一部。ぜひ、とっかかりにして〝自分だけの信州の魅力〟を見つけるべく、広い信州、あちこち巡ってみてください。

今回も地元の方、自治体の方々、信州にゆかりのある方々に、大変お世話になりました。地元の方にも信州の新たな魅力発見の一助として楽しんでいただければ幸いです。

これからも崖っぷちアラフィフのタビスミ隊、ボケ・ツッコミしつつ地方の魅力発掘に日本全国を行脚して参ります。またお会いできる日を楽しみにしております！

著者紹介
たび活×住み活研究家　大沢玲子

2006年から各地の生活慣習、地域性、県民性などのリサーチをスタート。ご当地に縁のある人々へのインタビュー、アンケート調査などを通じ、歴史・衣食住・街など、幅広い角度からその地らしさに迫り、執筆を続けている。『東京ルール』を皮切りに、大阪、信州、広島、神戸など、各地の特性をまとめた『ルール』シリーズ本は計17冊、累計32万部超を達成。
本人は鹿児島出身の転勤族として育ち、現在は東京在住。根無し草的なアウェーの立場を活かし、ホットなトピックとして〝移住〟〝関係人口〟などを絡めた新しい地方の楽しみ方を紹介していく。

読むと行きたくなる。行くと住みたくなる——
「たび活×住み活」in 信州
「データ編・信州に住んでみようかなと思ったら?」付き

2019年7月16日　第1刷発行

著者　大沢玲子

漫画　斉藤ロジョコ
校閲　校正室・赤ペン舎
装丁・本文デザイン　有限会社ZAPP!　白金正之

発行者　五島　洋
発行所　ファーストステップ出版
〒151-0064　東京都渋谷区上原1-34-7　和田ビル2F
有限会社ファーストステップ
TEL 03-6906-8431

印刷・製本　中央精版印刷株式会社
ISBN978-4-909847-01-0 C2026